Tratamiento básico de datos y hojas de cálculo

Editado por:
EDITORIAL FAE, S.L.U.
Correo electrónico: editorial@editorialfae.com

Tratamiento básico de datos y hojas de cálculo
José Antonio López Medina
Marta Serrano Gutiérrez

1ª Edición

ISBN: 978-84-1135-311-3
Depósito legal: MA 98-2015

Impreso en España

Presentación

Ficha técnica del curso

El presente manual desarrolla la unidad formativa "UF0511: Tratamiento básico de datos y hojas de cálculo", perteneciente al módulo formativo "MF0974_1: Tratamiento de datos, textos y documentación", del certificado de profesionalidad "ADGG0508: Operaciones de grabación y tratamiento de datos y documentos", incluido en la familia profesional "Administración y gestión".

FICHA DE CERTIFICADO DE PROFESIONALIDAD			
COMPETENCIA GENERAL: Realizar operaciones de grabación de datos, así como transcribir, reproducir y archivar la información y documentación requeridas en las tareas administrativas y de gestión, de acuerdo con instrucciones, normativa y procedimientos establecidos, de forma coordinada y con criterios de calidad, productividad, seguridad y respeto al medio ambiente.			
NIV.		**Unidades de competencia (UC)**	**Puestos de trabajo**
1	UC0973_1	Introducir datos y textos en terminales informáticos en condiciones de seguridad, calidad y eficiencia.	− 4301.1025 Operadores-grabadores de datos en ordenador.
	UC0974_1	Realizar operaciones básicas de tratamiento de datos y textos, y confección de documentación.	
	UC0971_1	Realizar operaciones auxiliares de reproducción y archivo en soporte convencional o informático.	

Módulos formativos	Unidades formativas	Duración (horas)
MF0973_1: Grabación de datos		90
MF0974_1: Tratamiento de datos, textos y documentación	UF0510: Procesadores de textos y presentaciones de información básicos	60
	UF0511: Tratamiento básico de datos y hojas de cálculo	**50**
	UF0512: Transmisión de información por medios convencionales e informáticos	40
MF0971_1: Reproducción y archivo	UF0513: Gestión auxiliar de archivo en soporte convencional o informático	60
	UF0514: Gestión auxiliar de reproducción en soporte convencional o informático	60
MP0110: Módulo de prácticas profesionales no laborales		80
Duración certificado de profesionalidad		590

Tablas extraídas de la página web del Servicio Público de Empleo Estatal (http://www.sepe.es/)

Certificados de profesionalidad

Los **certificados de profesionalidad** y su formación asociada tienen como objetivo dar respuesta a las necesidades de la sociedad del conocimiento, basada en la competitividad, la empleabilidad, la movilidad laboral, el fomento de la cohesión y la inserción laboral. Su expedición corresponde a la Administración competente y tienen validez en todo el territorio nacional.

Los certificados acreditan con carácter oficial las **competencias profesionales** que capacitan para el desarrollo de una actividad laboral con significación en el empleo.

Los certificados se obtienen, por una parte, tras la superación de todos los módulos formativos que los integran, a través de **acciones formativas** promovidas y autorizadas por la Administración laboral y, por otra, mediante la superación de los procedimientos para la evaluación y acreditación de las competencias profesionales adquiridas a través de la **experiencia laboral** o de vías no formales de formación.

Cada cualificación se organiza en **unidades de competencia.** La unidad de competencia es el agregado mínimo de competencias profesionales, susceptible de reconocimiento y acreditación parcial.

Cada unidad de competencia lleva asociado un **módulo formativo,** donde se describe la formación necesaria para adquirir esa unidad de competencia. Un módulo formativo, si supera las 90 horas, se subdivide en **unidades formativas.**

Índice

U. D. 1. La aplicación de hoja de cálculo

U. D. 2. Edición y modificación de datos

U. D. 3. Fórmulas y funciones básicas

U. D. 4. Inserción de gráficos elementales

U. D. 5. Impresión, ordenación, filtrado y protección básica de hojas y libros

U. D. 1. La aplicación de hoja de cálculo

Introducción

Definición

Un **programa de hoja de cálculo** se trata de un tipo de *software* diseñado para la manipulación de datos numéricos y alfanuméricos organizados en forma de tablas, por medio de una computadora.

La unidad básica de información de estas tablas son las **celdas,** en las cuales se insertan los valores, fórmulas y funciones que nos ayudarán a resolver los cálculos que se planteen.

En este manual se va a explicar el funcionamiento de la hoja de cálculo Microsoft Office Excel, por ser el *software* más extendido en el mundo. En cualquier caso, la mayoría de herramientas e incluso los procedimientos para usarlas son similares en otros programas de tratamiento de textos como **OpenOffice Calc** o **LibreOffice Calc,** que en ambos casos se tratan de *software* libre (y gratuito) que se pueden adquirir libremente a través de internet.

La hoja de cálculo Excel fue comercializada por primera vez por la empresa Microsoft en 1982 para el sistema operativo MS-DOS. En aquellos años la hoja de cálculo más empleada era Lotus 1-2-3, pero con el transcurso del tiempo la evolución de Excel fue mayor, lo cual acabó por colocarla con la vitola de más usada al cabo de unos años.

Actualmente, viene integrado en la *suite* ofimática Microsoft Office, estando ejecutable tanto en los sistemas operativos Windows, Mac OS X y UNIX.

En este período de tiempo se han realizado catorce versiones del popular programa, siendo la más actual para Windows la actualización nacida en 2010, la cual vamos a conocer aquí.

1. Entrada y salida

Para empezar a trabajar con Excel 2010, en primer lugar iniciaremos el programa. Para ello disponemos de distintas opciones que se muestran a continuación:

- A través del menú inicio de Windows siguiendo la ruta: **Inicio/Todos los programas/Microsoft Office/Microsoft Excel 2010.**

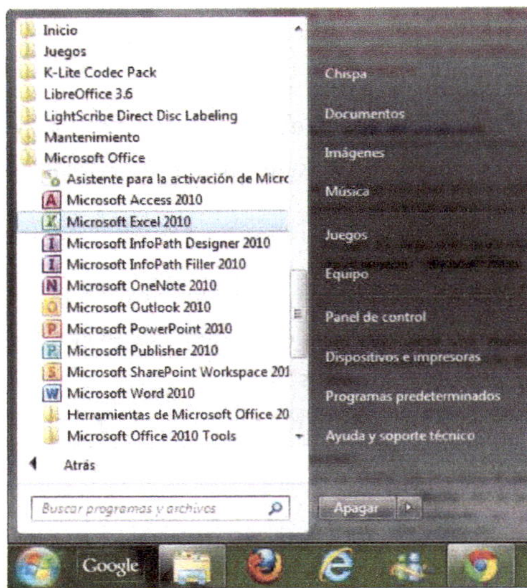

Esta imagen puede variar dependiendo de la versión del sistema operativo instalado en su ordenador, pero la ruta seguirá siendo la misma.

– **Mediante el icono de arranque del programa del menú inicio.**

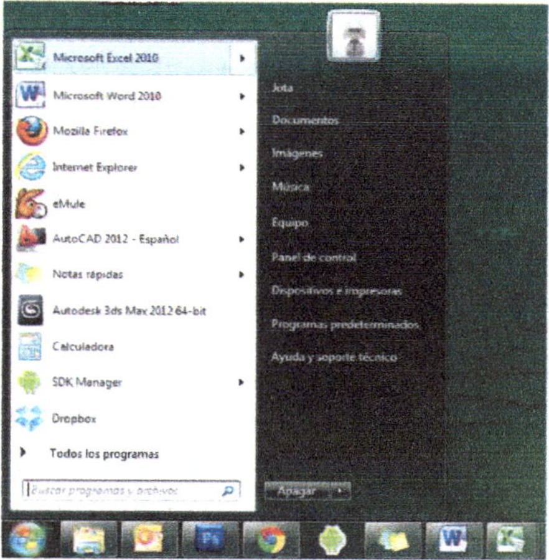

A través de este icono también podremos acceder a los archivos de Excel utilizados más recientemente para arrancar directamente con un trabajo en curso.

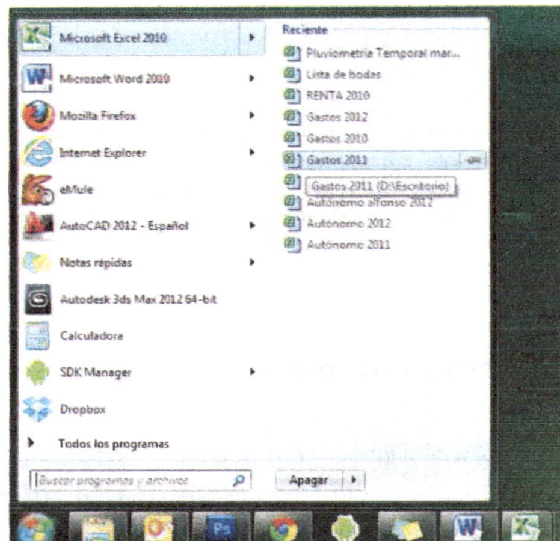

– **Haciendo doble clic en el icono de Excel 2010 del escritorio.**

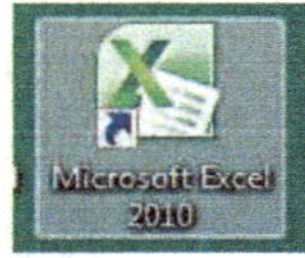

– Otra opción es **ejecutar** cualquier icono que se corresponda con **un archivo de Excel** para abrir el programa:

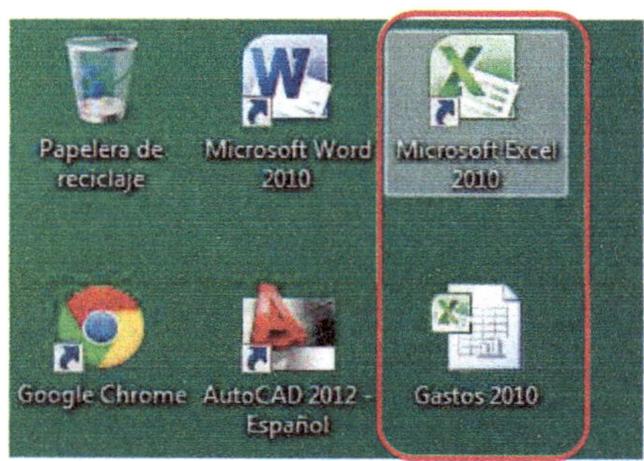

- Igualmente, en la **barra de tareas** podremos clicar en el icono de arranque del programa o si tenemos varios archivos abiertos, elegir aquel que deseemos editar al pasar el puntero del ratón por dicha barra:

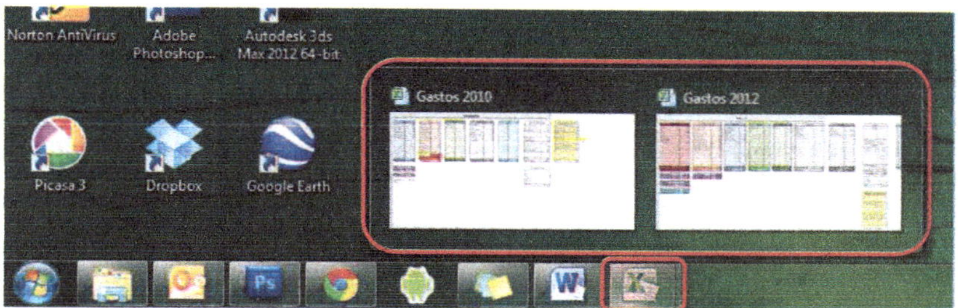

Al arrancar el programa aparece la pantalla inicial con la **hoja de cálculo (el área de trabajo)** en blanco si no abrimos ningún archivo previamente creado.

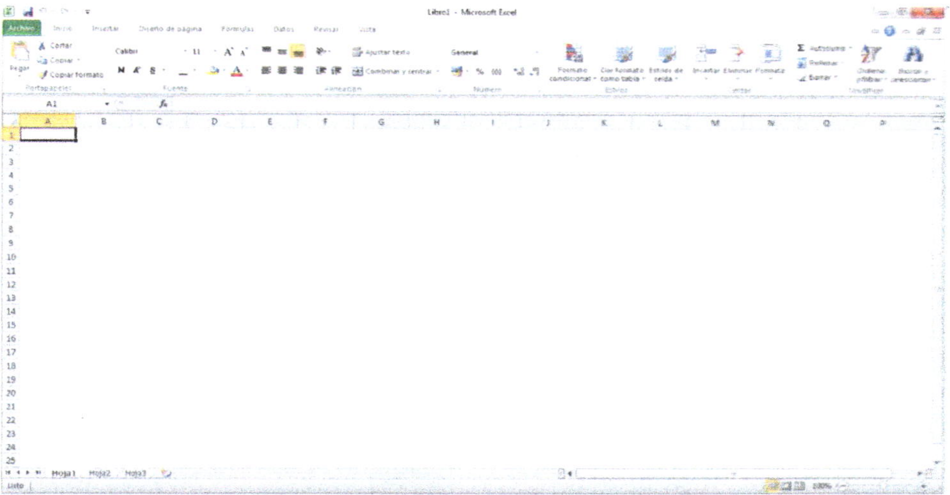

¿Sabía que...?

En Excel 2010 y Excel 2007, el tamaño de la hoja de cálculo es de 16.384 columnas por 1.048.576 filas.

El número de celdas ha ido creciendo conforme el programa ha ido evolucionando; por ejemplo, el tamaño de Excel 97-2003 era de solo 256 columnas por 65.536 filas.

Si nuestro libro de trabajo de Excel 2010 ocupa más que el tamaño permitido para Excel 97-2003, los datos de las celdas que están fuera de estos límites de fila y columna se perderán si lo exportamos para que lo abra un usuario de aquella versión más antigua.

Para cerrar el programa, utilizaremos la opción **Salir** del menú **Archivo.**

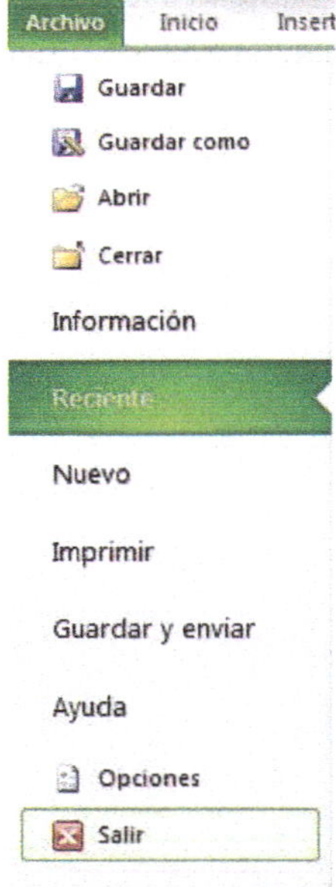

También podemos usar el **botón cerrar,** que se encuentra en la parte superior derecha de la ventana del programa.

2. Descripción de la pantalla (interface)

Hemos visto en el epígrafe anterior que al iniciar Excel 2010 aparece la pantalla inicial con la hoja de cálculo en blanco.

Esta hoja de cálculo se llamará Libro1, lo que se muestra en la **Barra de título** de la ventana de Excel.

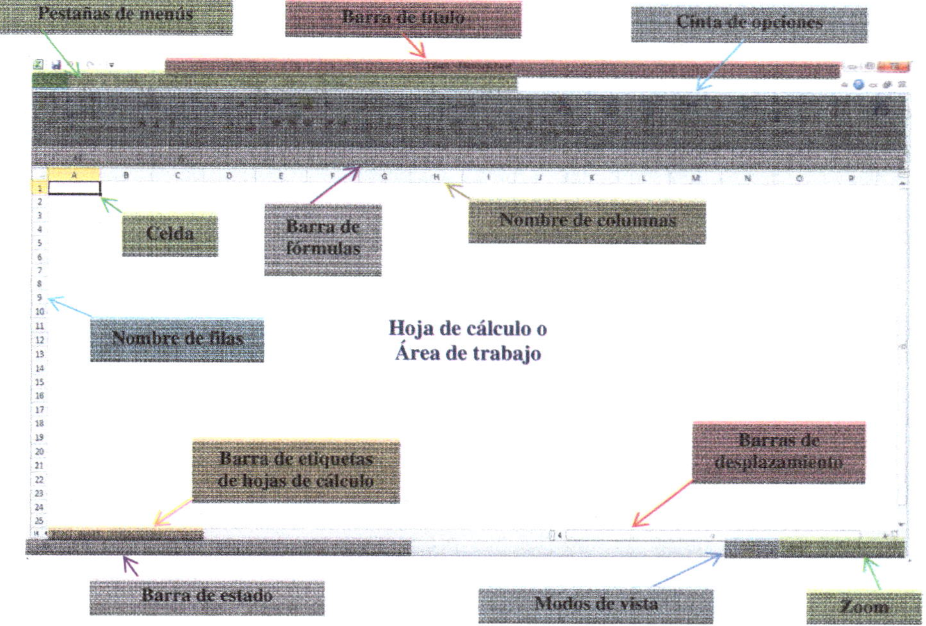

Debajo de la Barra de Título encontramos las **Pestañas de menús.** Clicando en cada una de ellas, cambiará el contenido de la **Cinta de opciones.**

Es en la Cinta de opciones donde encontramos la mayoría de las herramientas que nos permitirán editar nuestras hojas de cálculo.

En la parte superior izquierda de la ventana del programa, Excel nos muestra la **Barra de herramientas de acceso rápido.**

En ella se localizan diversos comandos que podemos encontrar en otras áreas de la cinta de opciones, pero que al emplearse con mucha frecuencia están visibles en primer plano.

Antes de seguir avanzando, veamos qué funciones encontramos por defecto.

El primer icono comenzando por la izquierda nos ofrece la posibilidad de **cambiar el tamaño de la ventana** del programa (maximizar, minimizar, restaurar, mover, etc.).

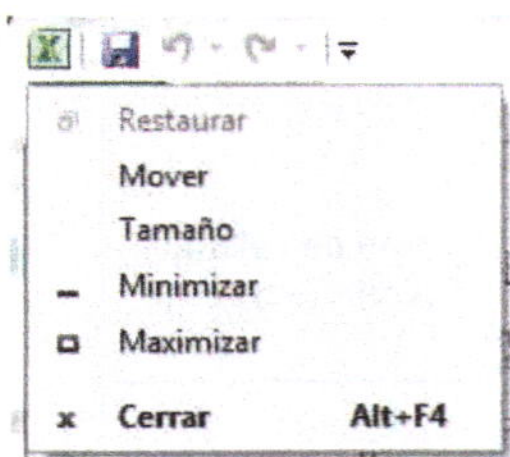

Si clicamos dos veces seguidas dicho icono con el botón principal del ratón, el programa se cerrará. Antes de hacerlo, nos preguntará si queremos guardar nuestro trabajo.

El siguiente comando de la Barra de herramientas de acceso rápido nos permite **Guardar** el libro de trabajo.

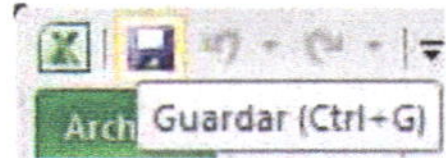

Muchas instrucciones cuentan con **atajos de teclado,** como el que se muestra en la imagen anterior, del primer comando de la Barra de herramientas de acceso rápido.

Por ejemplo, si clicamos a la vez **Alt** y **F4** podemos también cerrar el programa. Si lo hacemos con **Ctrl+G**, guardamos el archivo.

Para conocer los atajos de teclado de Excel, vaya a este enlace: http://office.microsoft.com/es-es/starter-help/metodos-abreviados-de-teclado-de-excel-2010-HP010342494.aspx#BM1. A continuación mostramos los comandos más empleados y sus atajos de teclado:

PRINCIPALES ATAJOS DE TECLADO EN EXCEL	
TECLA	**DESCRIPCIÓN**
CTRL+RePág	Cambia entre las fichas de la hoja de cálculo, de izquierda a derecha.
CTRL+AvPág	Cambia entre las fichas de la hoja de cálculo, de derecha a izquierda.
ALT+º	Cambia entre mostrar valores de celda y mostrar fórmulas.
CTRL+'	Copia en la celda o en la barra de fórmulas una fórmula de la celda situada sobre la celda activa.
CTRL+1	Muestra el cuadro de diálogo Formato de celdas.
CTRL+9	Oculta filas seleccionadas.
CTRL+0	Oculta columnas seleccionadas.
CTRL+E	Selecciona toda la hoja de cálculo.
CTRL+C	Copia las celdas seleccionadas.
CTRL+J	Utiliza el comando Rellenar hacia abajo para copiar el contenido y el formato de la celda situada más arriba de un rango seleccionado a las celdas de abajo.
CTRL+B	Muestra el cuadro de diálogo Buscar y reemplazar.
CTRL+U	Crea un nuevo libro en blanco.
CTRL+D	Utiliza el comando Rellenar hacia la derecha para copiar el contenido y el formato de la celda situada más a la izquierda de un rango seleccionado a las celdas de la derecha.
CTRL+V	Inserta el contenido del Portapapeles en el punto de inserción y reemplaza cualquier selección.
CTRL+R	Cierra la ventana del libro seleccionado.
CTRL+X	Corta las celdas seleccionadas.
CTRL+Y	Repite el último comando o acción, si es posible.
CTRL+Z	Utiliza el comando Deshacer
F1	Muestra el panel de tareas Ayuda de Excel. CTRL+F1 muestra u oculta la cinta de opciones. ALT+F1 crea un gráfico incrustado a partir de los datos del rango actual. ALT+MAYÚS+F1 inserta una hoja de cálculo nueva.
F2	Modifica la celda activa y coloca el punto de inserción al final del contenido de la celda. Mueve el punto de inserción a la barra de fórmulas cuando la edición en una celda está desactivada. MAYÚS+F2 agrega o modifica un comentario de celda. CTRL+F2 muestra un área de vista previa de impresión en la ficha Imprimir en Vista Backstage.
F3	Muestra el cuadro de diálogo Pegar nombre. MAYÚS+F3 muestra el cuadro de diálogo Insertar función.
F11	Crea un gráfico a partir de los datos del rango actual en una hoja de gráfico distinta. MAYÚS+F11 inserta una hoja de cálculo nueva.

El tercero de los botones de la Barra de herramientas de acceso rápido nos permite deshacer los últimos cambios realizados en la hoja de cálculo. Clicando una vez, se deshace la modificación más reciente.

Se trata del botón **Deshacer.**

Clicando en el botón triangular, se despliega una lista de las acciones más recientes, de forma que de una manera rápida podemos volver a un estado anterior del archivo.

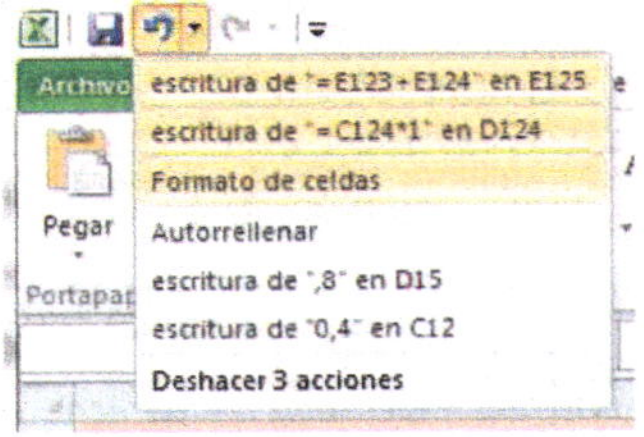

¿Sabía que...?

Estos botones triangulares, como los que se señalan a continuación, nos ofrecen una lista desplegable de elementos o herramientas que pueden ser muy útiles.

Podemos encontrarlos al lado de un botón o en la esquina inferior derecha de casi todos los grupos de herramientas.

Si no tenemos maximizada la ventana de Excel, la cinta de opciones se comprimirá de forma automática, de manera que también lo hacen los grupos de herramientas.

En ese caso aparecerán más de estos botones indicando que tienen más características ocultas.

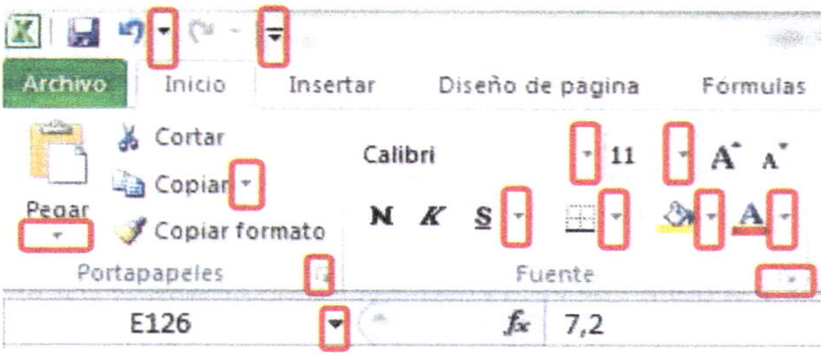

El cuarto botón de la Barra de herramientas de acceso rápido se trata de **Rehacer.** Utilizaremos esta herramienta cuando hayamos deshecho alguna operación y queramos volver a ejecutarla.

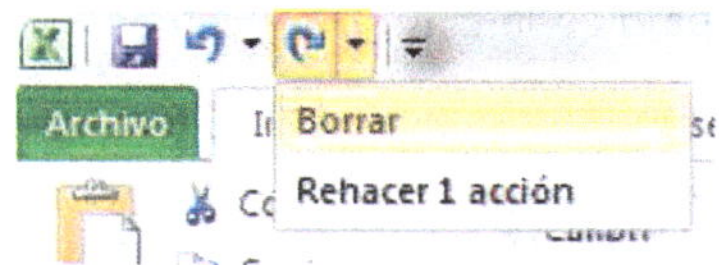

Excel 2010 nos permite personalizar esta Barra de herramientas de acceso rápido.

Para ello pulsaremos en el botón desplegable que aparece en el extremo derecho de la Barra.

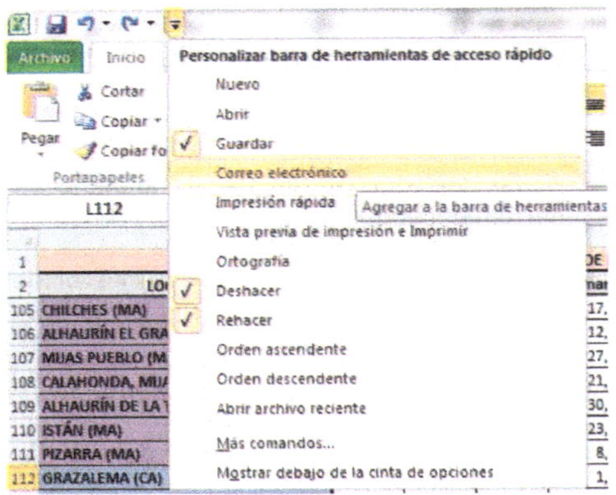

La lista desplegable nos permite activar los botones que queramos agregar a la barra, indicándonos mediante un tic los que están activos y sugiriéndonos el programa los más empleados.

Si queremos ocultar alguno de los comandos, simplemente clicaremos en él y se desactivará.

Si por nuestro método de trabajo deseamos activar otros botones no sugeridos de forma predeterminada por Excel, clicaremos en **Más comandos...**

Si clicamos en Mostrar debajo de la cinta de opciones, la Barra de herramientas de acceso rápido se colocará debajo de la cinta de opciones.

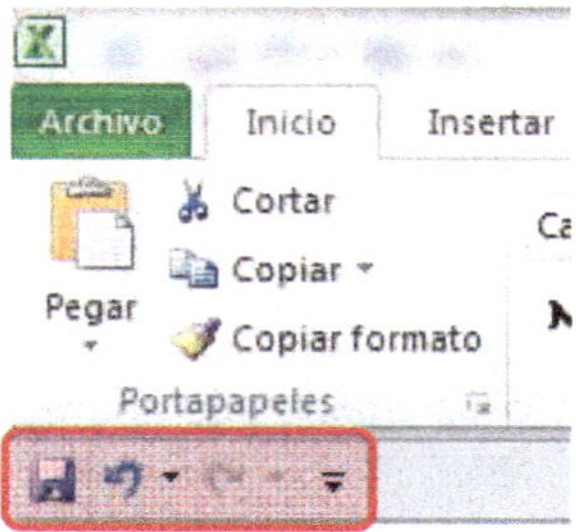

En la parte superior derecha de la ventana de Excel, encontramos los botones de **Minimizar, Maximizar (o Restaurar) y Cerrar** la ventana del programa.

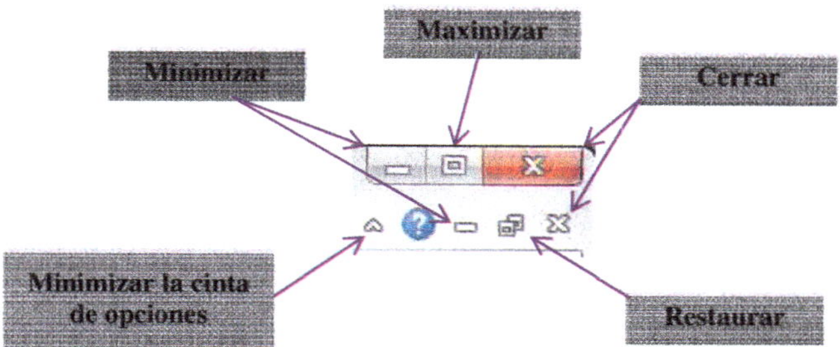

En el interior, encontramos los mismos botones, pero respecto a la ventana del libro de trabajo que tengamos abierta.

Además, contamos con el botón Minimizar la cinta de opciones, que suprime toda la línea de comandos de Excel. Una vez activo ese nuevo modo de vista, el mismo botón se muestra de forma inversa para hacer aparecer la cinta de opciones nuevamente:

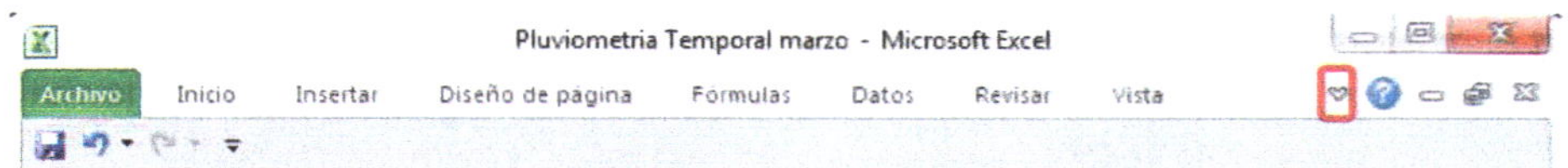

La **Barra de fórmulas** aparece bajo la Cinta de opciones. En esta barra veremos la información que se corresponde con la celda de la hoja de cálculo que esté activa en ese momento.

El **Área de trabajo** está compuesta por múltiples celdas que conforman en sí la hoja de cálculo.

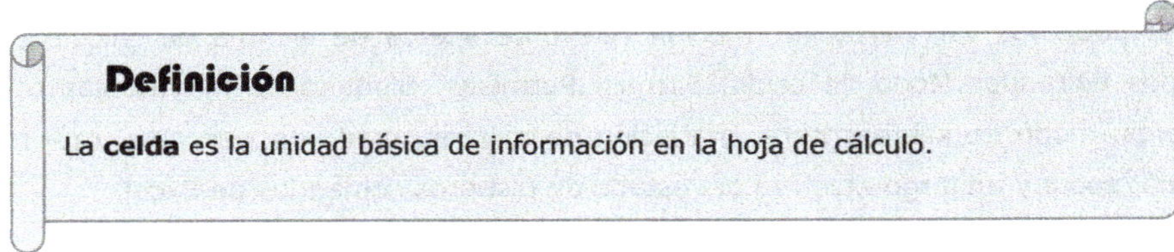

Definición

La **celda** es la unidad básica de información en la hoja de cálculo.

> ## Importante
>
> La **posición de las celdas** se define de manera inequívoca gracias a la denominación de las filas y columnas.
>
> Las filas se nombran por los números enteros en orden ascendente, empezando por la fila 1 y las columnas, por las letras del abecedario en mayúsculas y en orden ascendente a partir de la letra A.
>
> Por ejemplo, la primera celda es la A1.

En la parte inferior del área de trabajo aparecen por defecto tres pestañas; se trata de la **Barra de etiquetas** de hojas de cálculo.

Cada libro de trabajo puede tener tantas pestañas como necesitemos. Cada pestaña se corresponde con una hoja.

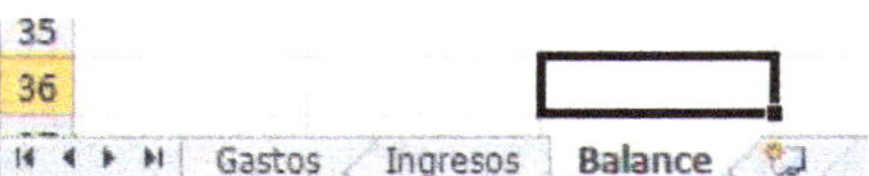

Estas hojas de cálculo se pueden cambiar de nombre y nos podremos desplazar por ellas a nuestro antojo. Igualmente podremos hacer referencia a los valores de las celdas de unas pestañas a otras.

En la parte inferior de la ventana de Excel encontramos la **Barra de estado.**

En ella podemos ver cierta información relevante acerca de la hoja de cálculo que estamos editando: Modo de celda, Firmas, Permisos, Bloqueo de mayúsculas o de números, modo de sobrescritura, grabación de macros, modo de selección, máximo, mínimo, zoom y un largo etcétera del estado de distintos comandos de Excel.

Podemos **personalizar la Barra de estado** fácilmente. Para ello, clicaremos con el botón secundario del ratón sobre la Barra de estado, se abrirá un menú contextual en el que podemos marcar las opciones y la información que necesitamos que Excel nos muestre.

Al modificar estos parámetros, podremos comprobar cómo la información aparece o desaparece de la barra de estado.

Por defecto se muestra activo el Modo de celda, como se muestra en la captura del programa, el cual se refiere a la situación de la celda seleccionada. Los **estados de la celda activa** pueden ser:

- Listo (está preparada para ser utilizada).
- Introducir (se están introduciendo datos).
- Modificar (se está modificando su contenido).
- Señalar (el cursor está marcando una celda para introducir su referencia en una fórmula).

En la zona de **Modos de vista,** podemos activar distintas maneras de visualización del libro de trabajo. Más adelante veremos los distintos modos.

Por último, en la zona de **Zoom,** contamos con un botón deslizante, que nos permite ajustar el tamaño de visión del área de trabajo, mediante el arrastre del ratón.

La cinta de opciones

La cinta de opciones o *ribbon* apareció como novedad en Office 2007, y es la zona de trabajo donde se condensan la mayoría de los comandos de Excel 2010.

La versión Excel 2010 nos ofrece distintas mejoras que aumentan la eficiencia de la zona de trabajo más empleada del programa.

En esta versión es posible crear pestañas personalizadas. Esto resulta muy útil, ya que podemos tener en la misma pestaña los iconos de las funciones que más utilicemos sin tener que perder tiempo en ir cambiando de pestaña para buscar alguna función utilizada en nuestro trabajo diario.

Excel 2010 también nos permite cambiar el nombre de una pestaña ya existente o cambiarla de posición.

El contenido de la cinta de opciones varía en función de la pestaña de menú seleccionada.

Las pestañas siempre visibles son **Inicio, Insertar, Diseño de Página, Fórmulas, Datos, Revisar y Vista.**

Veamos qué funciones principales desempeñan cada una de las principales pestañas de Excel.

La pestaña **Inicio** cuenta con las herramientas básicas de edición de celdas; las utilizaremos para dar formato y estilo a la hoja de cálculo mediante los grupos de comandos Portapapeles, Fuente, Alineación, Número, Estilos, Celdas y Modificar.

La pestaña **Insertar** nos permite añadir a las hojas de cálculo tablas, imágenes, gráficos, textos especiales, hipervínculos, etc. Para ello cuenta con los grupos de comandos Tablas, Ilustraciones, Gráficos, Vínculos y Texto.

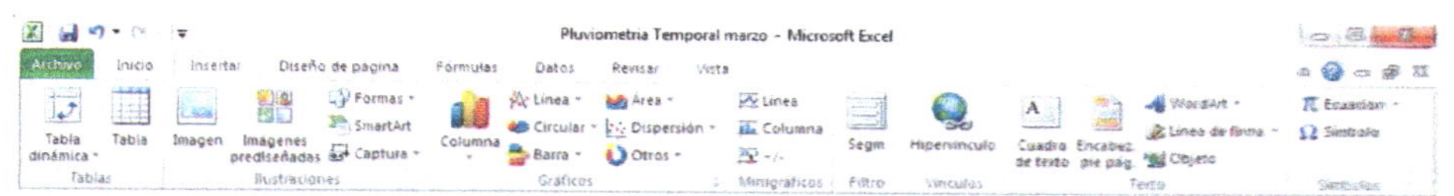

La pestaña **Diseño de página** comprende las herramientas necesarias para dar formato general a la hoja de cálculo. Con ellas podremos modificar márgenes, definir la orientación de la hoja, ocultar o no las líneas de cuadrículas y encabezados, configurar las opciones de impresión, etc. Para ello cuenta con los grupos de comandos Temas, Configurar página, Ajustar área de impresión, Opciones de hoja y Organizar.

La pestaña **Fórmulas** contiene las herramientas que nos permiten introducir en nuestras hojas de cálculo las distintas fórmulas y funciones matemáticas del programa, entre otras opciones. Cuenta con los siguientes grupos de herramientas: Biblioteca de funciones, Nombres definidos, Auditoría de fórmulas y Cálculo.

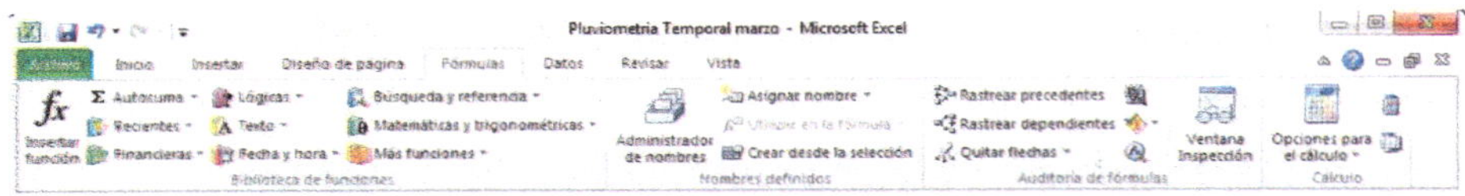

La pestaña **Datos** reúne a las distintas herramientas que realizan el trabajo de ordenación y filtro de datos, así como las tareas de validación, análisis, consolidación y operaciones, entre otras opciones. Los grupos de comandos con los que cuenta son: Obtener datos externos, Conexiones, Ordenar y filtrar, Herramientas de datos y Esquema.

La pestaña **Revisar** nos permite controlar la ortografía de nuestros libros de trabajo. También incluye las herramientas necesarias para realizar controles de cambios, de protección y compartición de los libros de trabajo. Los grupos de herramientas de esta pestaña son: Revisión, Idioma, Comentarios y Cambios.

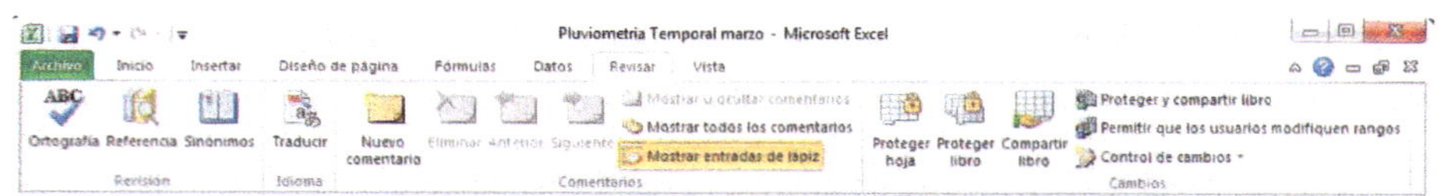

Por último, la pestaña **Vista** nos permite visualizar la ventana de trabajo de forma apropiada a las tareas que estemos desarrollando en ese momento.

De esta forma podemos tener el entorno de Excel con más o menos herramientas visibles, mostrar distintas ventanas y divisiones de la hoja de cálculo, ver las reglas o las líneas de cuadrícula del área de trabajo, etc.

También nos muestra el icono para la creación de macroinstrucciones.

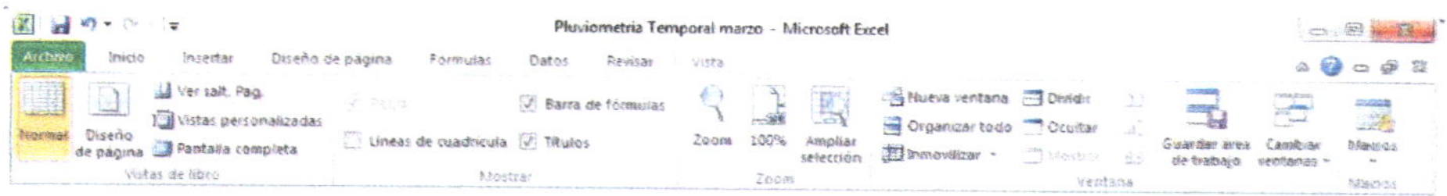

3. Ayuda de la aplicación

Podremos acceder a la ayudad de Excel de varias maneras, como veremos a continuación.

Clicando en cualquier momento **en el signo de interrogación** que aparece en la parte superior derecha del área de trabajo, se activará la ayuda de Excel.

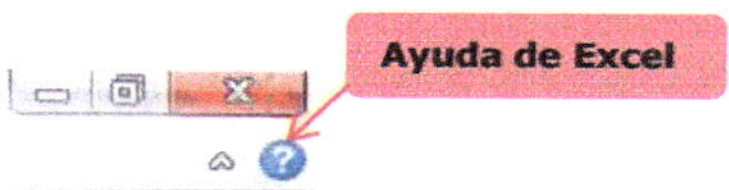

También aparecerá una interrogación en muchos de los cuadros de diálogo que abriremos en nuestro trabajo con Excel:

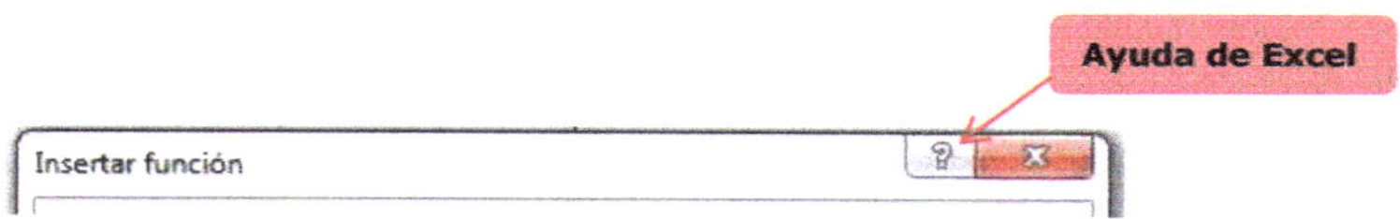

De cualquiera de estos modos se abrirá el cuadro de diálogo **Ayuda de Excel.**

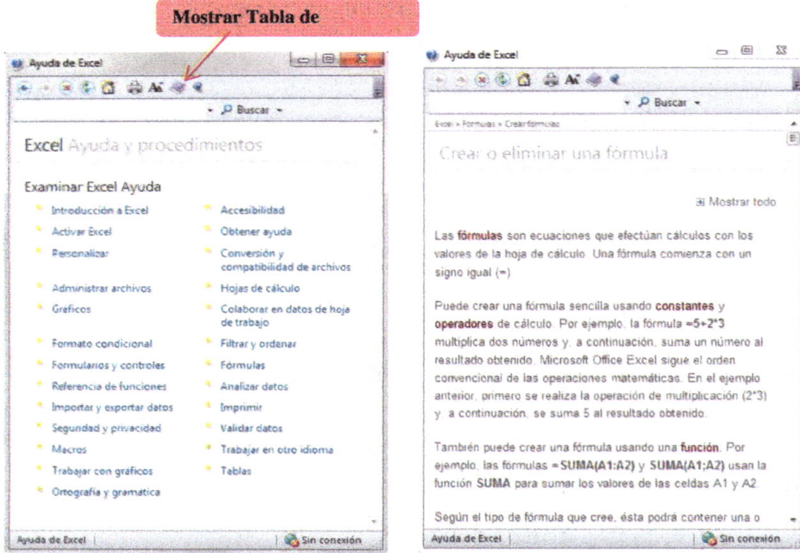

En la parte superior de este cuadro de diálogo encontramos un campo de texto en el que podemos introducir uno o más términos, los más aproximados a nuestra duda, para que Excel nos proponga una serie de temas que puedan resolverlos.

También podemos clicar en los temas que Excel propone por defecto.

Si clicamos en el botón **Mostrar tabla de contenido,** señalado en la imagen anterior, se abrirá en la parte izquierda del cuadro de diálogo un índice con una serie de temas, ordenados alfabéticamente, que presentan una serie de contenidos expuestos con más detalle.

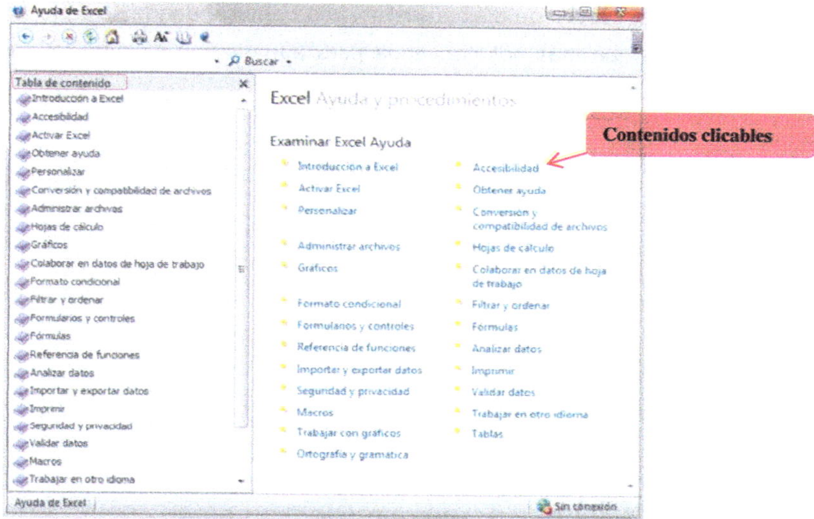

4. Opciones de visualización (zoom, vistas, inmovilización de zonas de la hoja de cálculo)

A continuación vamos a ver las distintas opciones de visualización que nos ofrece Excel 2010.

Zoom

Además del control deslizante Zoom visto anteriormente, podremos regular el zoom de nuestra hoja de cálculo desde el grupo **Zoom** de la pestaña **Vista.**

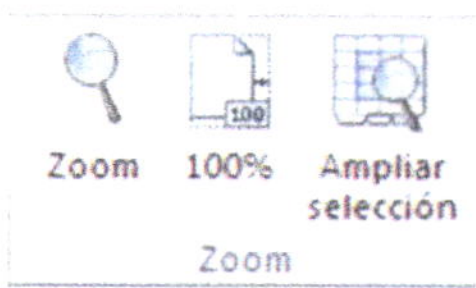

El botón Zoom abrirá el cuadro de diálogo del mismo nombre, donde seleccionaremos el porcentaje de zoom que más nos convenga para aumentar o disminuir el tamaño del texto y las celdas en pantalla.

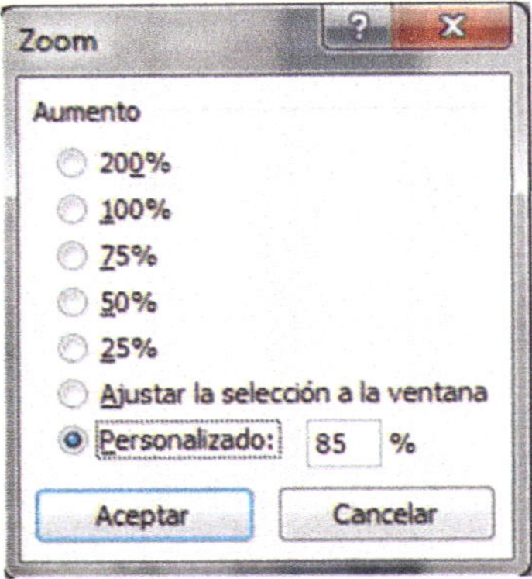

El botón 100% volverá al tamaño real de la hoja, mientras que el botón Ampliar selección hará un zoom sobre las celdas seleccionadas.

Modos de vista

En la pestaña **Vista** de la cinta de opciones podemos configurar las opciones del modo de visión del programa, dentro del grupo de herramientas **Vistas de libro.**

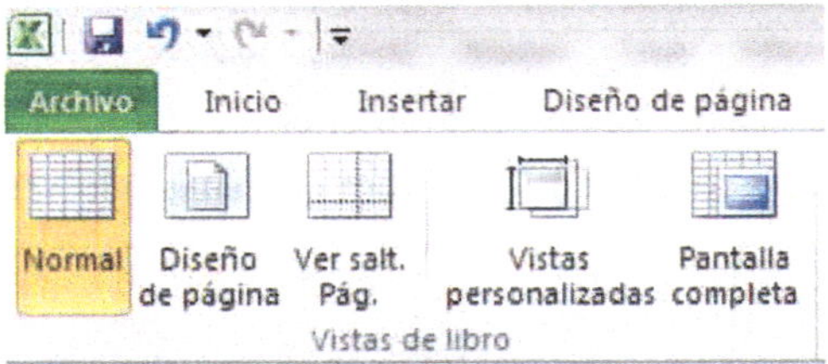

Habitualmente trabajaremos en modo **Normal,** es el tipo de visión que se abre por defecto al iniciar el programa.

Este modo de vista es perfecto para trabajar con Excel habitualmente, pues muestra visibles las distintas funciones y comandos que ofrece la cinta de opciones, aun visualizando el área de trabajo en un tamaño grande.

En el modo de **Diseño de página** vemos la hoja de cálculo tal y como aparecerán los datos al imprimirlo.

Incluso quedarán señaladas las áreas correspondientes al encabezado y pie de página de cada hoja.

En la siguiente imagen podemos comprobar cómo, en caso de tener una gran extensión de datos, se interrumpe la hoja en una página y sigue por la siguiente:

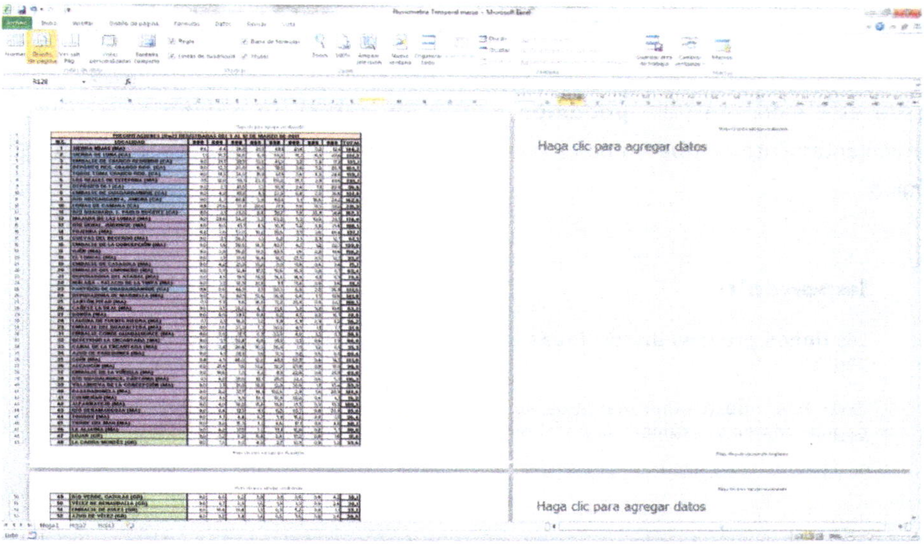

La mejor forma de controlar los saltos de página en la hoja de cálculo es a través del modo **Vista previa de salto de página.**

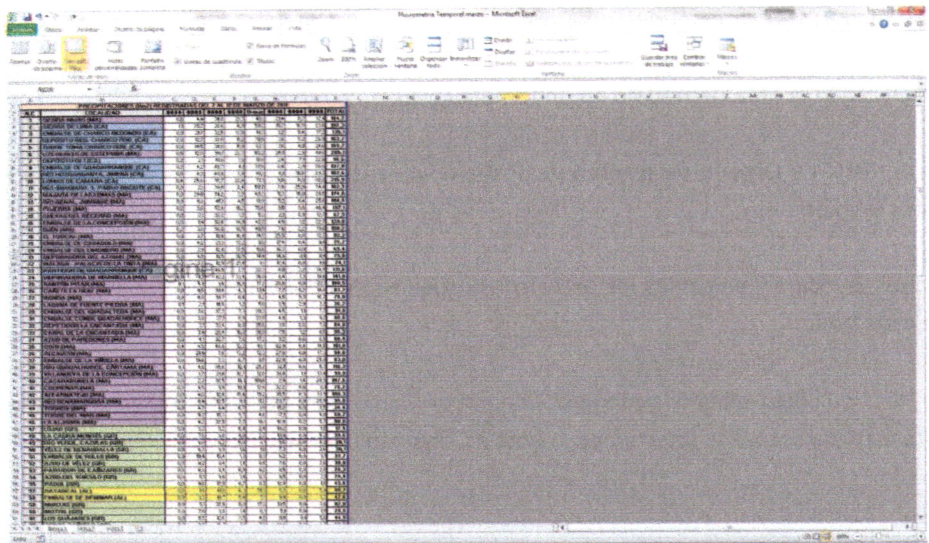

Desde este modo de vista **podemos mover los saltos de página** arrastrándolos convenientemente (arriba o abajo) para que entren los datos que deseemos en cada página.

Importante

Las **líneas gruesas discontinuas en color azul** nos están señalando el salto de página.

Excel nos muestra una marca de agua en la hoja de cálculo indicándonos en qué página nos encontramos. Al imprimir, dicha marca no aparecerá.

Al cambiar los saltos de página, Excel **cambiará automáticamente la escala de la hoja de cálculo** para ajustar las columnas y las filas a la página.

El modo **Vistas personalizadas** nos permite crear un modo de visualización de la hoja de cálculo personalizado con las características del libro abierto.

Podremos personalizar el tamaño de las ventanas y su posición en la pantalla, las divisiones de ventana, si existen o no paneles inmovilizados, las celdas seleccionadas en el momento de crear la vista, etc.

Es posible crear más de una vista personalizada por libro de trabajo.

Igualmente, podremos salvaguardar las filas y las columnas ocultas, la configuración de filtros y de impresión.

El modo **pantalla completa,** como su propio nombre indica, nos permite visualizar la hoja de cálculo de forma que prácticamente toda el área de trabajo ocupa la superficie de la pantalla.

Inmovilizar paneles

Una tercera opción, complementaria u optativa a las anteriores, en el caso de tener hojas de cálculo extensas, es **Inmovilizar paneles.**

Encontramos el botón **Inmovilizar** en el grupo **Ventana** de la pestaña **Vista.**

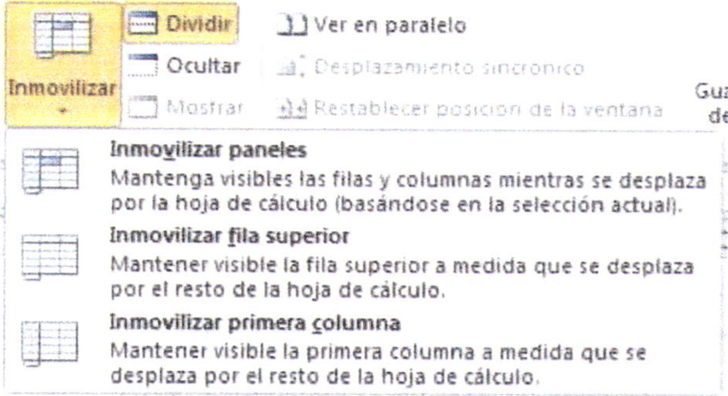

Clicando en dicho botón **es posible fijar ciertas filas o columnas** de la hoja de cálculo que tienen información relevante sobre el contenido del área de trabajo.

Por ejemplo, **podemos inmovilizar la primera fila** de una larga tabla, de manera que siempre tengamos en la parte superior de la hoja la referencia a los valores que estamos visualizando por debajo.

Para inmovilizar la primera fila o la primera columna clicaremos en las opciones **Inmovilizar fila superior** o **Inmovilizar primera columna,** respectivamente, del botón desplegable **Inmovilizar.**

Para inmovilizar un conjunto más amplio de celdas, seleccionaremos las celdas que sí queremos que se muevan y clicaremos en el **Inmovilizar paneles.** Excel **fijará las celdas que no estaban seleccionadas.**

Si queremos **volver a mover las celdas fijadas,** clicaremos en el botón desplegable **Inmovilizar** y elegiremos la opción **Movilizar paneles.**

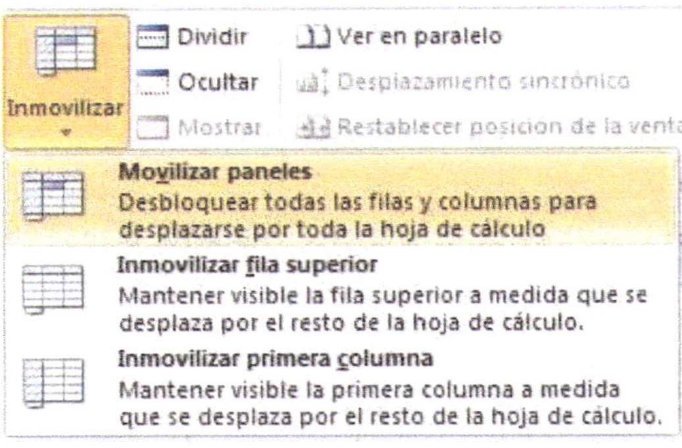

Esta opción no estará disponible si no hemos inmovilizado ninguna celda.

5. Desplazamientos

Hemos aprendido que el área de trabajo está compuesta por múltiples celdas que conforman en sí la hoja de cálculo.

Recordemos también que un libro de Excel, por defecto, se abre con tres hojas de cálculo, que se corresponden con las tres pestañas que encontramos en la parte inferior del área de trabajo.

Y, por último, que cada libro de trabajo puede tener tantas hojas de cálculo como queramos.

A continuación vamos a aprender a movernos por estos elementos de Excel.

5.1. Mediante teclado

Para movernos mediante el teclado, hay que tener en cuenta que no podrá haber ningún menú o cuadro de diálogo abierto.

Las teclas que utilizaremos para desplazarnos por la hoja de cálculo, son las siguientes:

DESPLAZAMIENTOS EN LA HOJA DE CÁLCULO	
MOVIMIENTO	**TECLAS**
Una celda abajo	Flecha abajo
Una celda arriba	Flecha arriba
Una celda a la derecha	Flecha derecha
Una celda a la izquierda	Flecha izquierda
Ir a la primera celda (A1)	CTRL+Inicio
Ir a la primera celda de la columna activa	Fin+Flecha arriba
Ir a la primera celda de la fila activa	Fin+Flecha izquierda
Ir a la última celda de la columna activa	Fin+Flecha abajo
Ir a la última celda de la fila activa	Fin+Flecha derecha
Visualizar una pantalla abajo de celdas	Av. Pág
Visualizar una pantalla arriba de celdas	Re. Pág

También contamos con atajos de teclado para desplazarnos por las distintas hojas de cálculo de nuestro libro:

- Para **avanzar una hoja** de cálculo: **CTRL+Av. Pág**
- Para **retroceder una hoja** de cálculo: **CTRL+Re. Pág**

5.2. Mediante ratón

Para movernos con el ratón dentro de la hoja de cálculo, clicaremos en la celda a la que queremos desplazar para que se active.

Para cambiar de hoja de cálculo, clicaremos con el botón principal en la pestaña correspondiente (Hoja1, Hoja2 o Hoja3).

Con los botones de desplazamiento de hojas que se encuentran a la izquierda de las pestañas podemos movernos a través de libro de trabajo abierto.

Con el primero y el último de estos botones nos desplazamos hacia el principio y el final (respectivamente) de todo el grupo de pestañas que tenemos activas.

Esos dos botones serán prácticos en aquellos libros con muchas pestañas activas cuando queramos buscar una pestaña que no vemos directamente.

Con los dos botones centrales nos moveremos una pestaña hacia la izquierda o derecha:

5.3. Grandes desplazamientos

Si queremos **desplazarnos a una celda en concreto** se puede indicar **tecleando la posición exacta en el Cuadro de nombres:**

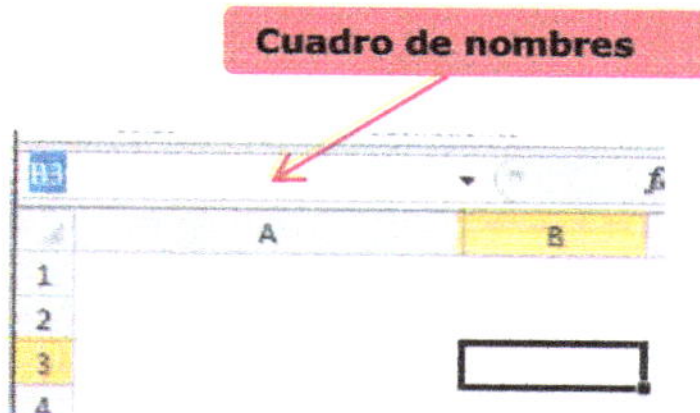

Esto nos será muy útil para realizar grandes desplazamientos de manera rápida, ya que **podremos trasladarnos** rápidamente **a celdas que no vemos directamente** en pantalla.

El tamaño de la hoja de cálculo es de 16.384 columnas por 1.048.576 filas, por lo que la posibilidad de desplazarse a una celda lejana sólo escribiendo su posición nos facilitará enormemente el movimiento por la hoja de cálculo.

Ejemplo

Imaginemos que queremos situarnos en una celda que se encuentra en la fila 1.947 y en la columna GX.

Siguiendo el método explicado para grandes desplazamientos, escribiremos en el Cuadro de nombres su posición. Es decir GX1947.

Inmediatamente la hoja de cálculo se desplazará a dicha posición.

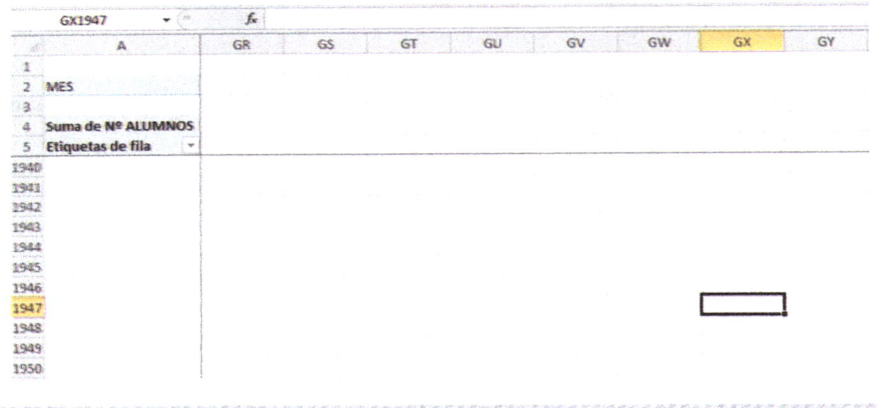

5.4. Barras de desplazamiento

Si queremos realizar **desplazamientos rápidos y largos** por la hoja de cálculo podemos usar las dos **barras de desplazamiento.**

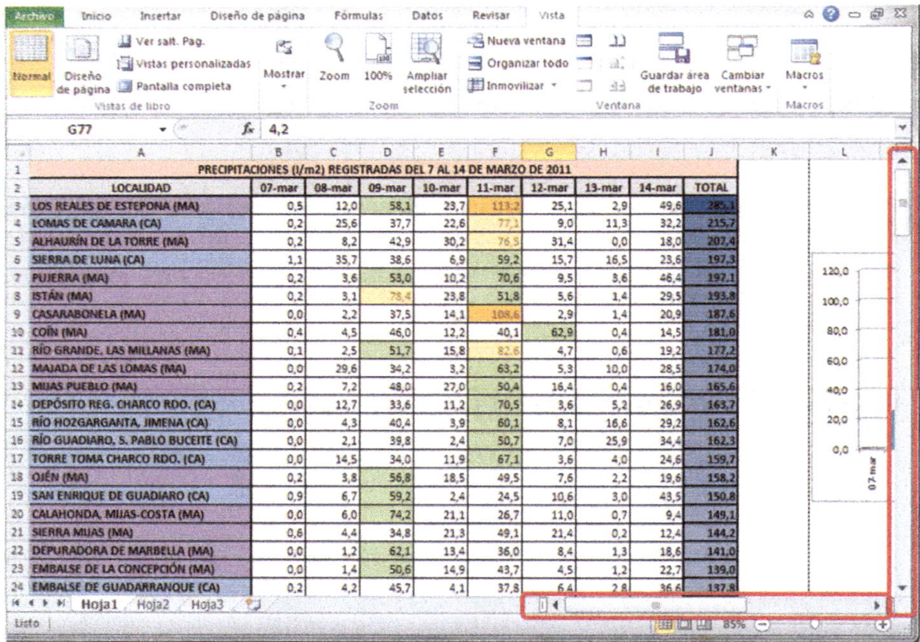

Para utilizar las barras de desplazamiento, clicaremos en ellas con el botón principal del ratón y, sin soltar, las arrastraremos.

De esta manera nos moveremos por la hoja de cálculo **hacia arriba o abajo** si movemos la **barra vertical,** o **hacia la derecha o izquierda** si movemos la **barra horizontal.**

También podemos clicar en las flechas que aparecen al principio y al final de ambas barras de desplazamiento.

Otra opción para ir hacia arriba o abajo rápidamente es utilizar el botón rodante del ratón.

6. Introducción de datos

Para introducir datos en Excel, **clicaremos** con el botón principal del ratón **dentro de la celda** que nos interese.

El **cursor,** una barra negra vertical (|) que parpadea, se situará en el punto donde podremos comenzar a escribir. **Se pueden introducir textos, números o fórmulas.**

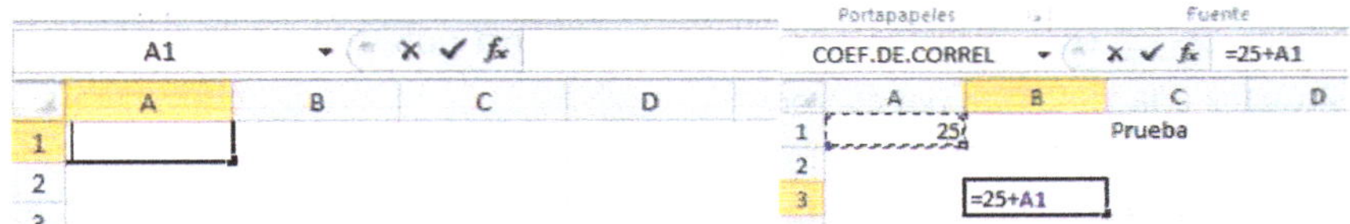

La información introducida aparecerá tanto en la celda activa como en la barra de fórmulas.

Podemos **validar un dato** de distintas formas:

- Pulsando la **tecla Entrar;** por defecto la siguiente celda activa será la inferior, salvo que lo modifiquemos en las opciones de Excel.
- Pulsando **cualquier tecla de movimiento** (flecha arriba, abajo, derecha o izquierda); la siguiente celda activa será la que se indique en ese movimiento.
- Clicando en el **botón Introducir** de la barra de fórmulas. En ese caso, introducido el dato, la celda activa seguirá siendo la actual. Clicando en el botón Cancelar, se interrumpirá la introducción del dato.

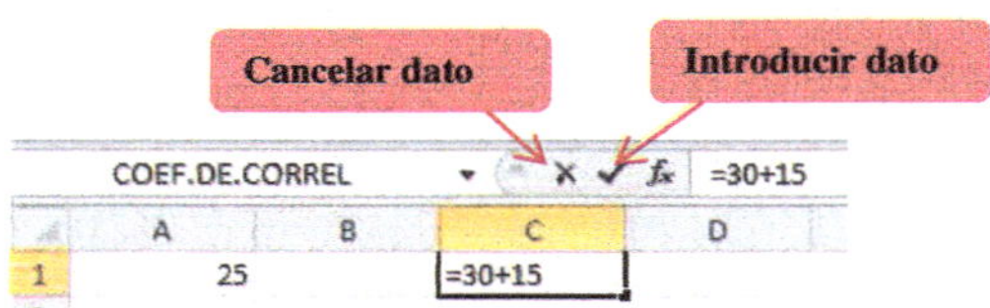

Consejo

> Si deseamos **introducir varias líneas en una misma celda** (por ejemplo, para escribir líneas de texto) si pulsamos Enter, saltaremos a una celda distinta, como acabamos de ver.
>
> La solución es pulsar a la vez las teclas ALT y Entrar.

Igualmente, si queremos eliminar algún dato o carácter del texto introducido en la celda, podemos utilizar la tecla **Suprimir (Supr)** o la tecla **Retroceso.**

La tecla **Suprimir** lo que hace es eliminar uno a uno los caracteres que estén situados a la derecha del cursor, mientras que **Retroceso** borra uno a uno los caracteres que estén situados a la izquierda del cursor.

Cuando el dato introducido pueda ser incorrecto por algún error en el formato introducido, **Excel nos avisa en pantalla** del hecho, indicándonos una posible solución para corregirlo.

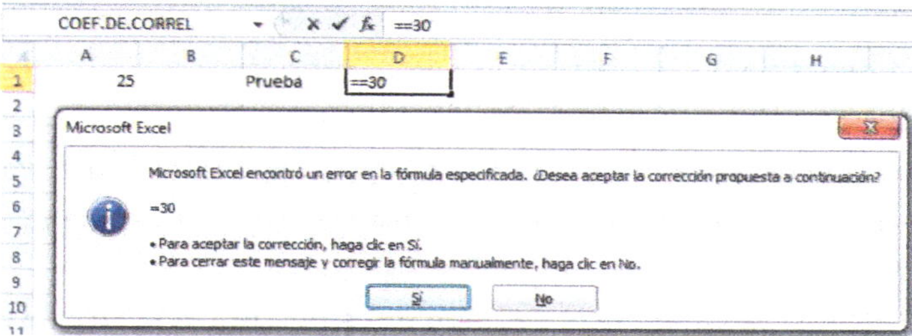

7. Tipos de datos

A continuación profundizaremos en los distintos tipos de datos que se pueden introducir en las celdas de una hoja de cálculo.

7.1. Numéricos

Cuando introducimos números en una celda de Excel, podremos utilizar los caracteres **0, 1, 2, 3, 4, 5, 6, 7, 8, 9** y los signos:

+ (positivo)

- (negativo)

/ (fracción)

, (separador de millares)

. (separador de decimales)

() (paréntesis)

E o **e** (para escribir un valor en formato científico)

% (porcentaje)

€ (euro)

Para la introducción de estos datos, habrá que tener en cuenta lo siguiente:

- **Se ignorarán los signos (+) que vayan delante de un número.**
- Para escribir un **número negativo,** tendremos que **precederlo del signo (-).**

- Si escribimos un **número entre paréntesis,** Excel **lo entenderá como** un **número negativo,** ya que esto ocurre en contabilidad.
- El carácter **E** o **e** se toma como **notación científica.** Equivale a 10 elevado a la cifra que lleve detrás. Por ejemplo 5E2 es igual a 500 (5 por 10 elevado a 2). Si un número no cabe en su celda, automáticamente se convierte a notación científica.
- Cuando escribimos un **número seguido del símbolo (%),** Excel lo considerará un **porcentaje.**
- Si escribimos un **número seguido del símbolo (€),** Excel asignará el formato **Moneda** a dicho número.
- Los **números se alinean** por defecto **a la derecha.**

7.2. Alfanuméricos

Para introducir texto en una celda, simplemente clicamos en ella y lo escribimos.

Debemos tener en cuenta lo siguiente:

- Una celda puede contener hasta **16.000 caracteres,** incluyendo letras, dígitos y caracteres especiales.

- **Si un texto no cabe en una celda, invadirá las celdas adyacentes que estén en blanco a su derecha.** El contenido se visualizará en varias celdas, pero se almacenará únicamente en la primera celda.

- **El texto se alinea por defecto a la izquierda.**

- **Para que los datos introducidos se reconozcan como texto,** aunque sean números o fechas, los escribiremos precedidos del símbolo comilla simple (').

Si queremos introducir en la celda una fórmula, pero queremos que se vea la fórmula en sí y no su resultado, tendremos que escribirla precedida de '.

Por ejemplo, al escribir **'=2+5** en la celda aparecerá =2+5, mientras que la comilla sólo se verá en la barra de fórmulas.

Si no escribimos la comilla, en la celda aparecería 7, que es el resultado de 2+5.

- **Cuando Excel reconoce un dato como texto,** no podremos realizar operaciones con él.

7.3. Fecha/hora

Cuando introducimos **el símbolo barra invertida (/),** Excel **lo interpretará como una fecha**.

Si escribimos 23/06, Excel lo tomará como el 23 de junio. Si escribimos 5/80, lo interpretará como mayo de 1980.

Las fechas y horas **se alinean,** por defecto, **a la derecha** en la celda.

Los símbolos que admite Excel como separadores de fechas son la barra invertida (/) y el guion (-).

El formato de la fecha es **día/mes/año.**

Importante

Para **fechas comprendidas entre el año 1929 y el 2029** será suficiente con introducir los dos últimos dígitos del año. Para fechas que estén fuera de dicho rango, tendremos que escribir el año completo.

Veamos algunos ejemplos de fechas: 8/5/80 (8 de mayo de 1980), 15-2-1924 (15 de febrero de 1924), 23-6-12 (23 de junio de 2012), etc.

Para **introducir una hora,** utilizaremos como separador el símbolo dos puntos (:). El formato será horas:minutos:segundos.

Como ejemplos de horas, tenemos los siguientes: 17:31:48 (las 5 de la tarde, 31 minutos y 48 segundos), 9:5 (9 de la mañana y 5 minutos).

7.4. Fórmulas

Definición

Una **fórmula** es una ecuación que, mediante unos operadores, realiza cálculos con los valores introducidos en la hoja de cálculo.

Está formada por valores, referencias a celdas, nombres, funciones u operadores.

Una fórmula empieza siempre por el signo igual (=).

Para introducir una fórmula, simplemente nos situaremos en la celda que nos interese y escribiremos el signo igual (=) seguido de los valores y/o celdas de referencia y los operadores necesarios.

Al aceptar la fórmula, aparecerá el resultado de la misma en la celda, mientras que la fórmula en sí se verá en la barra de fórmulas.

7.5. Funciones

Definición

Una **función** es una fórmula que viene en Excel predeterminada para realizar operaciones complejas o con un gran número de celdas, de modo que ya la fórmula dejaría de ser práctica.

La sintaxis de cualquier función es la siguiente:

Nombrefunción(argumento1;argumento2;...;argumentoN)

Hay que tener en cuenta lo siguiente:

- Los argumentos van siempre entre paréntesis y sin espacios.
- Los argumentos de la función se separan por un punto y coma (;).
- Podemos utilizar valores constantes, fórmulas o incluso otras funciones como argumentos de una función.

8. Almacenamiento y recuperación de un libro

A continuación, vamos a aprender a realizar las operaciones principales para la gestión de archivos en Excel 2010.

Más adelante se explicarán las funciones básicas de gestión de archivos en el programa, como son: guardar, guardar como y cerrar un libro de trabajo.

8.1. Apertura de un libro ya existente

Lo más habitual será seguir editando un libro de trabajo en el que ya hayamos realizado algunas tareas en otra sesión. Para ello podemos utilizar el atajo de teclado **Ctrl+A,** o bien clicar en **Archivo/Abrir.**

En ambos casos aparecerá un cuadro de diálogo llamado **Abrir,** en el que seleccionaremos el archivo que necesitemos.

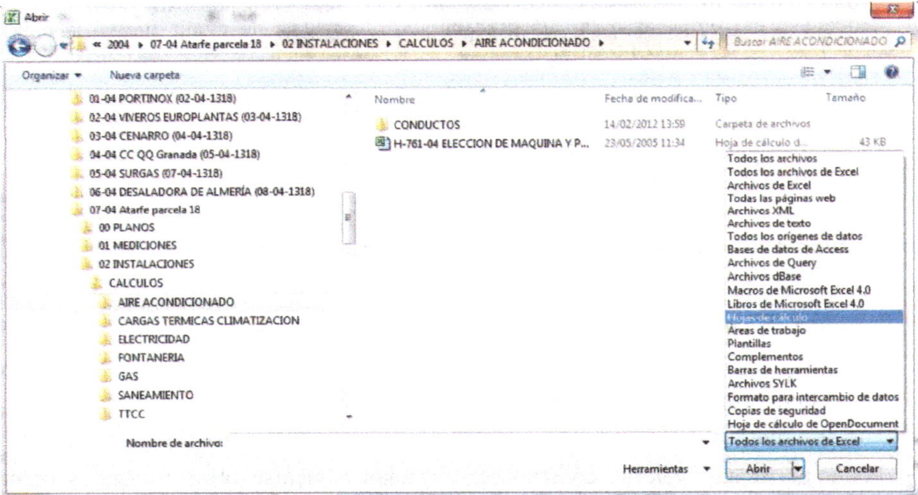

Nos moveremos en el explorador del equipo, eligiendo la ruta o carpeta donde se encuentre. Una vez hallado, se seleccionará el archivo deseado y se hará clic en el botón **Abrir.**

En la lista desplegable que aparece a la derecha del campo **Nombre de archivo** aparece un listado para filtrar los tipos de archivo. En ella vemos todos los que son compatibles con Excel.

Otra opción para abrir libros de trabajo existentes es clicar en **Archivo/Reciente.**

En este apartado, Excel nos proporciona una herramienta muy útil, pues nos ofrece el listado de libros de trabajo y carpetas que hemos utilizado en el período de tiempo más cercano.

A través del botón **Recupere libros no guardados** que vemos en la parte inferior derecha de la pantalla es posible recuperar archivos que tuviéramos abiertos y no salváramos antes de cerrar la sesión, bien por un descuido o bien por un accidente como el corte de luz.

En la opción **Obtener acceso rápido a este número de libros recientes** podemos acortar la lista que nos propone Excel.

Clicando con el botón derecho del ratón (menú contextual) en un elemento de esta lista podemos eliminar un archivo o carpeta que no nos interese del listado, lo que no quiere decir que se borre de nuestro equipo.

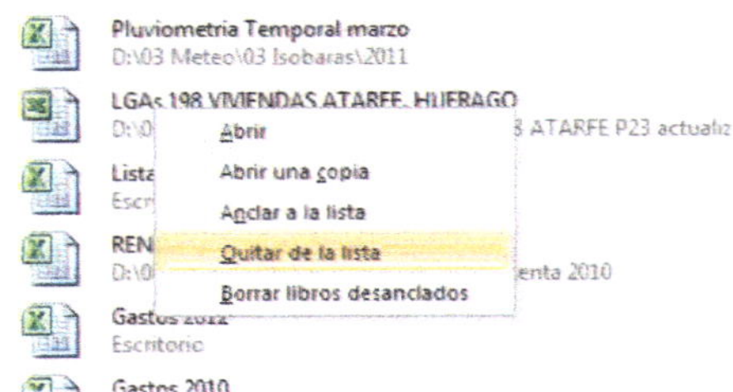

Igualmente, con dicho menú podemos fijar el elemento en la lista (anclar), abrirlo, desanclarlo, etc.

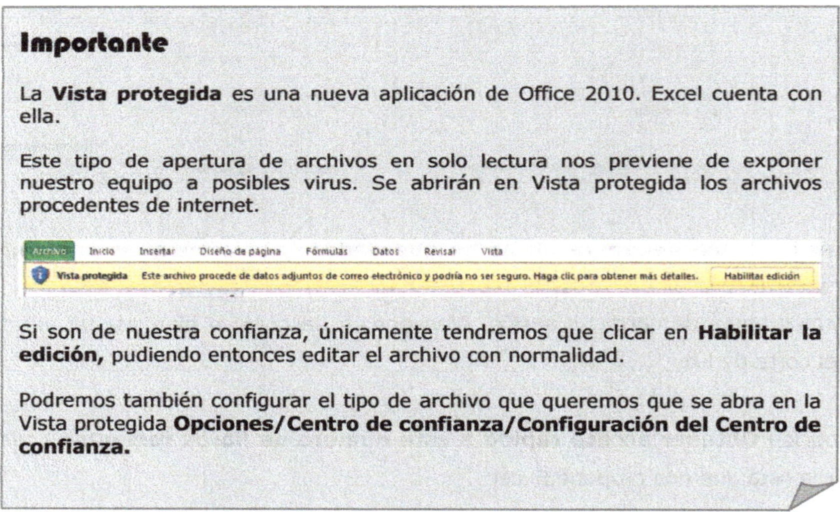

8.2. Guardado de los cambios realizados

Cuando se quiera guardar un libro de trabajo, bien para hacer una copia intermedia o bien porque se haya terminado de trabajar en él, podemos hacer uso de la combinación del teclado **Ctrl+G** o bien a través de **Archivo/Guardar.**

También podemos hacer uso del botón **Guardar** que tenemos instalado en la Barra de herramientas de acceso rápido.

A través de cualquiera de estos procedimientos, si es la primera vez que se guarda un archivo, se llegará al siguiente cuadro de diálogo **Guardar como:**

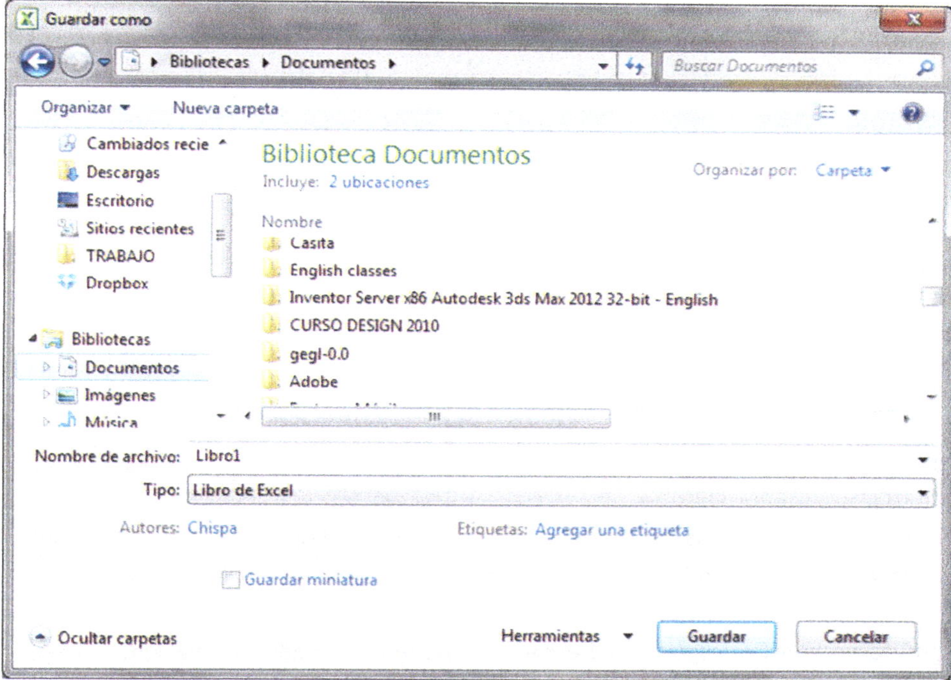

Se trata de un explorador de nuestro equipo en el que buscar la ubicación deseada para guardar el archivo, elegir su nombre y el tipo de archivo.

Podemos incluir información general sobre el archivo, como el nombre del autor (o autores), etiquetas que recojan en pocas palabras lo más relevante de lo que aporta el libro de trabajo o indicar un título anexo.

Al desplegar la lista del tipo de archivo se observarán todos los formatos de salvado que nos ofrece Excel.

Entre ellos vemos señalado el formato pdf, una novedad respecto a anteriores ediciones, lo cual nos permitirá compartir nuestro trabajo, de forma no editable, con otros usuarios.

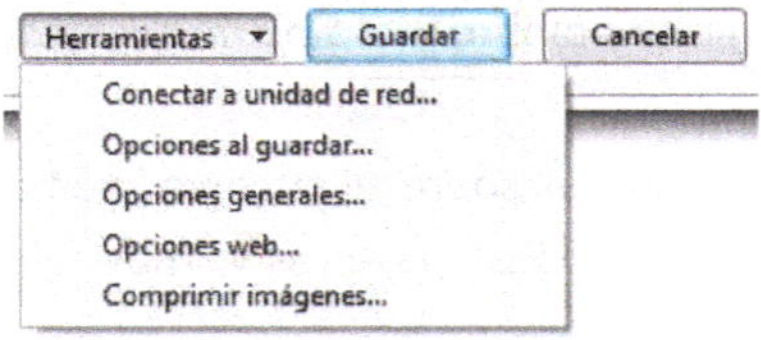

Otros formatos importantes son el Libro de Excel habilitado para macros (.xlsm), Página web (.htm o .html) o Delimitado por comas (.csv).

A través de la lista desplegable **Herramientas** de este cuadro de diálogo, podemos acceder a una serie de opciones avanzadas sobre el guardado de archivos.

Podremos ajustar, entre otros aspectos, el factor de compresión del libro de trabajo, el de las imágenes que contenga, aplicar claves de acceso al archivo para otros usuarios, compartir el trabajo en red, etc.:

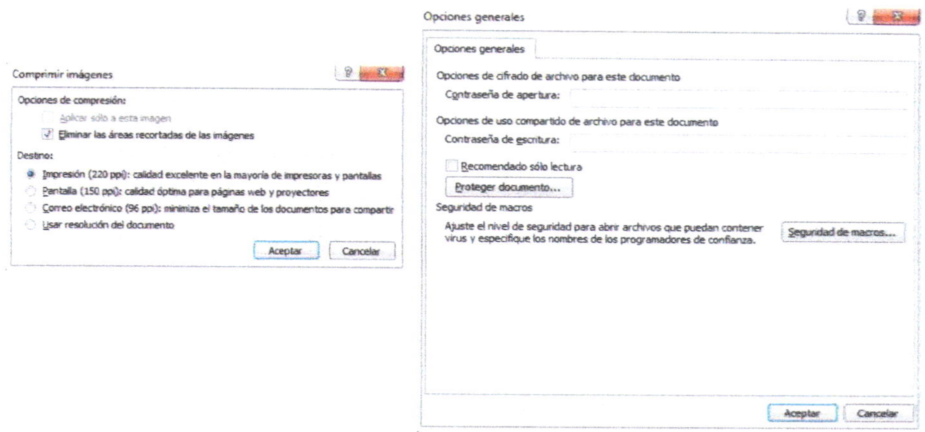

Cuando se quieren guardar los cambios producidos en un archivo que ya se ha salvado anteriormente, utilizaremos una de las tres opciones mencionadas anteriormente y se guardará directamente el archivo sin tener que introducir de nuevo el nombre o la ubicación.

Se salva el archivo, sustituyendo automáticamente la versión anterior del mismo.

8.3. Creación de una duplica

Si se quiere guardar una copia de un archivo para poder modificarlo sin que ello afecte al archivo original, habrá que utilizar la opción **Archivo/Guardar como.**

Esto abrirá un cuadro de diálogo igual que la que se explicó anteriormente donde se dará un nuevo nombre al archivo y, si fuera necesario, una nueva ubicación o tipo de archivo.

8.4. Cerrado

Cuando se haya terminado de trabajar con un libro y se quiera cerrar, iremos a la pestaña **Archivo/Cerrar.**

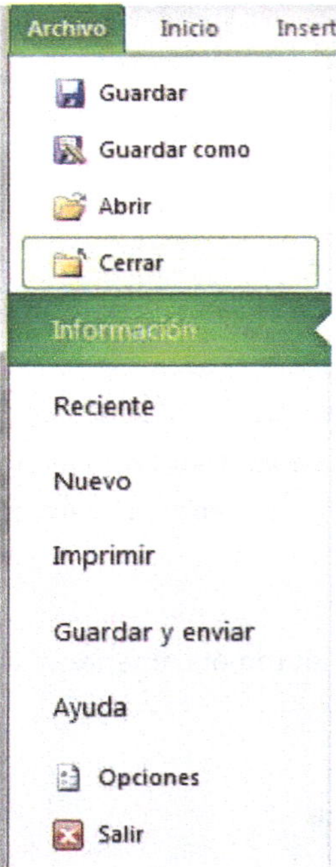

Otro modo es cerrar la aplicación a través de **Archivo/Salir** o haciendo clic en la x que se encuentra arriba a la derecha de la ventana del programa; con esto se cerrará también el libro de trabajo.

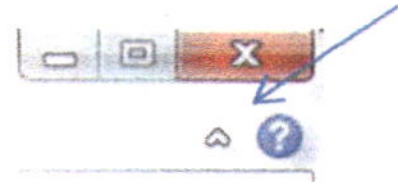

Si no se hubiera guardado el archivo, en el momento de cerrarlo la aplicación preguntará si se quiere guardar o queremos salir sin salvar el libro de trabajo.

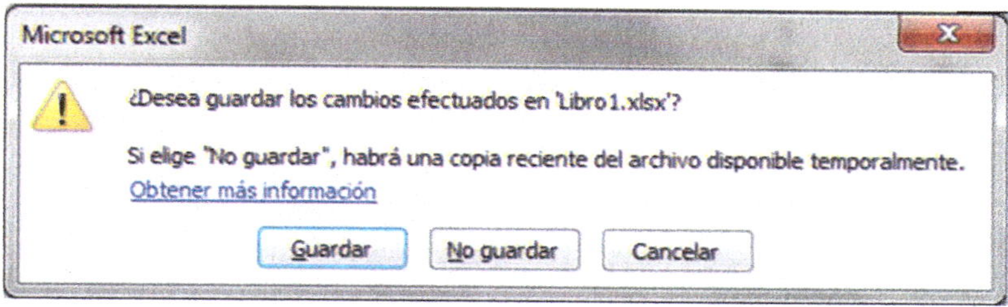

Microsoft Excel
¿Desea guardar los cambios efectuados en 'Libro1.xlsx'?
Si elige "No guardar", habrá una copia reciente del archivo disponible temporalmente.
Obtener más información
Guardar
No guardar
Cancelar

Resumen

En esta unidad didáctica hemos realizado una primera **aproximación a Excel 2010.**

Hemos dado un paseo por el **entorno gráfico** del programa, conociendo las distintas áreas de trabajo y cómo se organizan los diferentes grupos de herramientas.

Se ha explicado cómo abrir y utilizar la **ayuda** del programa.

Igualmente hemos aprendido a **desplazarnos por la hoja de cálculo,** ya sea mediante el teclado o el ratón del ordenador.

Asimismo se ha explicado cómo hacer **grandes desplazamientos.** Esto resulta muy útil debido a la gran extensión de las hojas de cálculo en Excel.

También hemos aprendido a **introducir datos** en las hojas de cálculo.

Igualmente se ha hecho una introducción sobre los **tipos de datos** que podemos insertar en Excel para familiarizarnos con ellos.

Ejercicios de autoevaluación

1. Una celda queda inequívocamente definida mediante...

a) La fila o la columna a la que pertenece.

b) Una celda puede quedar definida de muchas formas.

c) Mediante la posición exacta que ocupe en la fila y en la columna a las que pertenece.

2. ¿En qué parte del programa encontramos prácticamente todas las herramientas de Excel?

a) El área de trabajo.

b) La cinta de opciones.

c) La barra de fórmulas.

3. El modo de vista en el que veremos la hoja de cálculo como se verá al imprimirla es...

a) El modo de vista Diseño de página.

b) El modo de vista Normal.

c) El modo de vista Personalizado.

4. ¿Qué atajo de teclado tendremos que utilizar para ir a la primera celda de la hoja de cálculo?

a) Inicio.

b) Ctrl + Inicio.

c) Ctrl + Fin.

5. Para hacer un desplazamiento corto a una celda concreta con el ratón, clicaremos en ella.

a) Verdadero.
b) Falso.

6. Excel no permite cancelar la operación de introducir datos en las celdas.

a) Verdadero.
b) Falso.

7. ¿Cuál de los siguientes símbolos no se incluye en el tipo de dato numérico?

a) %
b) @
c) /

8. ¿Es posible exportar un archivo de Excel a formato pdf?

a) Sí.
b) No, porque es un formato de texto.
c) No, porque no es un formato compatible con Excel.

9. Cuando Excel abre un archivo en modo Vista protegida...

a) El archivo se abre normalmente.
b) Nos permite visualizar sin editar el libro y si es fiable el archivo podremos seguir editándolo.
c) Es imposible editar el archivo.

10. ¿Qué atajo de teclado usaremos para abrir un libro de Excel?

   a) CTRL+A.

   b) CTRL+G.

   c) CTRL+N.

U. D. 1. La aplicación de hoja de cálculo

U. D. 2. Edición y modificación de datos

Introducción

En esta unidad didáctica aprenderemos a **seleccionar celdas.** Esta tarea se puede realizar por múltiples procedimientos.

Estudiaremos los procedimientos que nos permitirán realizar operaciones en la estructura de las hojas y libros. Es decir, **insertar y eliminar filas o columnas,** así como realizar las mismas acciones con las hojas del libro de trabajo.

Aprenderemos a **editar el contenido de las celdas,** borrarlo o utilizar herramientas de **corrección ortográfica** para evitar errores.

Conoceremos la herramienta de **búsqueda y reemplazo,** que nos resultará muy útil para encontrar un dato concreto o actualizarlo.

Será muy importante asimilar bien los procesos de selección de celdas, pues de su dominio depende el éxito de la edición de hojas de cálculo.

1. Selección de...

Para seleccionar una celda únicamente hay que situar el ratón encima de ella y clicar con el botón principal.

Bastaría también con desplazarnos por la hoja de cálculo de cualquiera de las formas vistas anteriormente para acabar en alguna celda activa.

1.1. Rangos

Para seleccionar un **rango de celdas,** bastará **con clicar con el botón principal la celda activa y, sin soltar, arrastrar hasta seleccionar el conjunto de celdas deseado.**

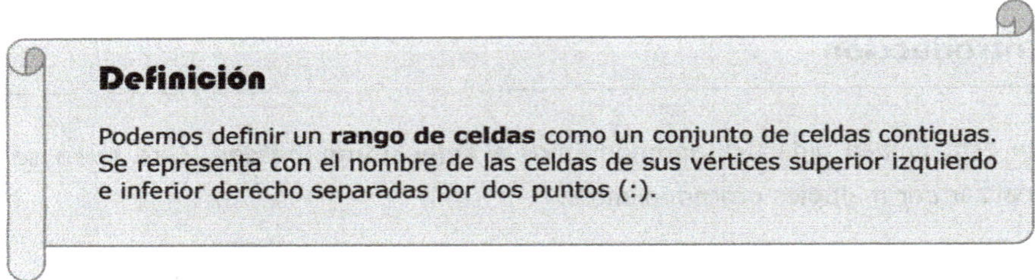

En ese caso, quedará el conjunto de celdas seleccionado enmarcado por un cuadro negro.

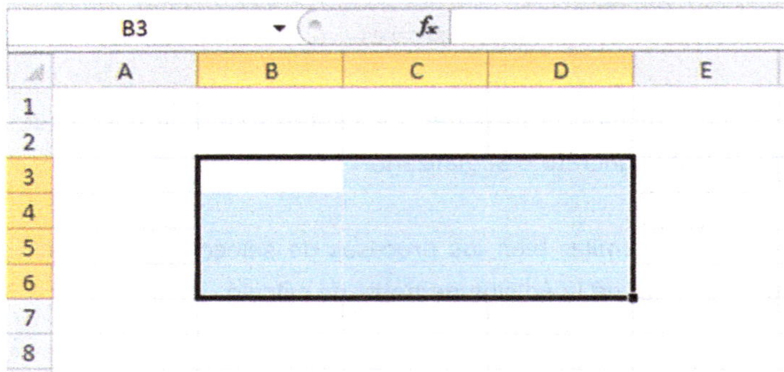

Observe como los nombres de las filas y columnas implicadas en la selección quedan marcados en color amarillo.

Otra opción para seleccionar un **rango de celdas** es clicar en la primera celda, pulsar la **tecla Mayúscula** y soltar clicar en la última celda del rango.

1.2. Columnas

Si necesitamos **seleccionar toda una columna, clicaremos en el nombre de dicha columna.** Es decir, sobre la letra o letras que la identifican.

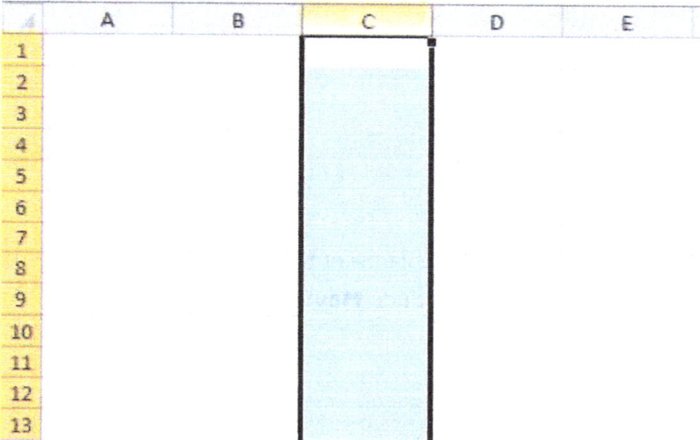

Para seleccionar una columna de Excel mediante el teclado, nos situaremos cualquier celda de la columna y utilizaremos el atajo de teclado **Ctrl+Espacio.**

1.3. Filas

Para **seleccionar toda una fila,** procederemos de forma similar. **Clicaremos en el nombre de la fila a seleccionar.** Es decir, en el número que la identifica.

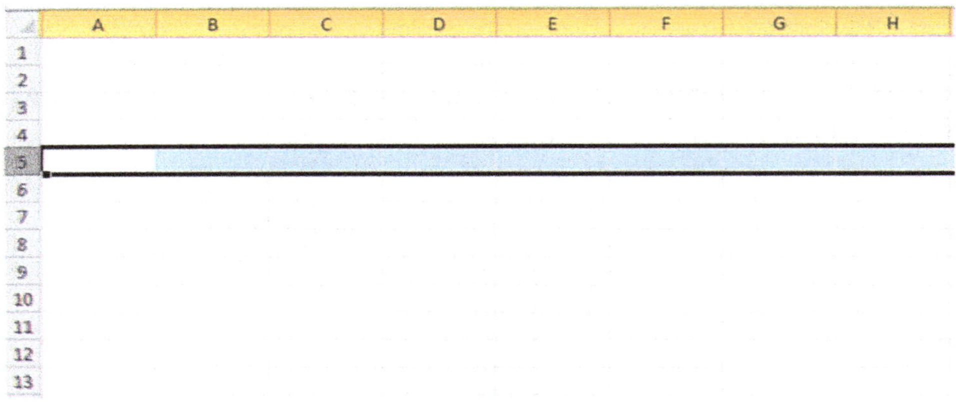

Para seleccionar una fila de Excel mediante el teclado, nos situaremos cualquier celda de la fila y utilizaremos el atajo de teclado **Mayús+Espacio.**

1.4. Hojas

Para **seleccionar una hoja de cálculo completa,** situaremos el cursor del ratón sobre el botón que aparece en la esquina superior izquierda de la hoja de cálculo, en la intersección entre el nombre de las columnas y el nombre de las filas.

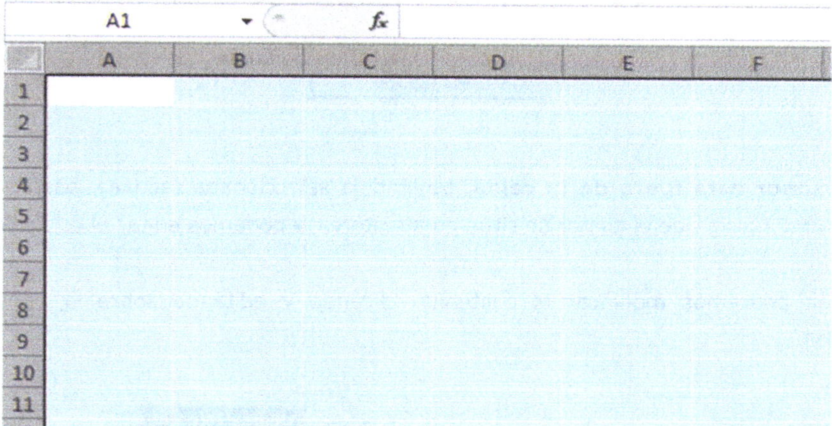

Para seleccionar la hoja de cálculo mediante el teclado, nos situaremos cualquier celda y utilizaremos el atajo de teclado **Ctrl+Mayús+Espacio.**

2. Modificación de datos

En los siguientes epígrafes vamos a estudiar las tareas que nos permitirán realizar la modificación de los datos en las celdas de Excel.

2.1. Edición del contenido de una celda

Podremos borrar o modificar el contenido de una celda en cualquier momento, una vez validado o en el proceso de introducción.

Para modificarlo, **si el cursor está activo dentro de la celda,** nos moveremos por ella con la flecha izquierda o derecha, para que el cursor avance a la posición deseada, como si fuera un editor de texto.

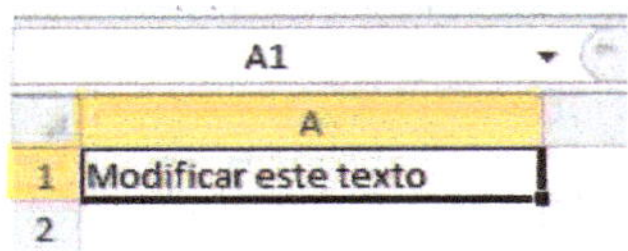

Si el cursor está fuera de la celda, teniéndola seleccionada (activa), bastará con pulsar en F2 para que el cursor se sitúe en su interior y podamos editar el contenido.

También podremos modificar el contenido clicando y editando sobre la barra de fórmulas.

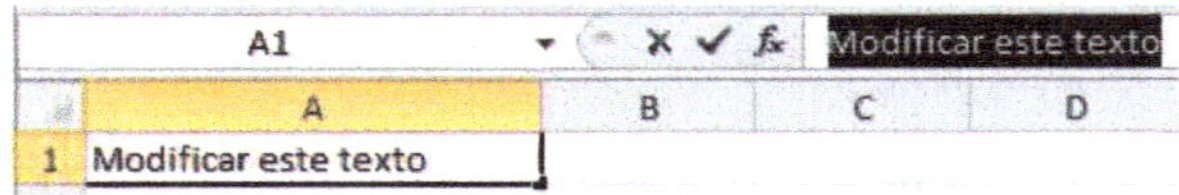

En cualquiera de los casos, compruebe como al tratar de modificar el contenido de una celda, en la barra de estado el **Modo de celda** pasa a **Modificar:**

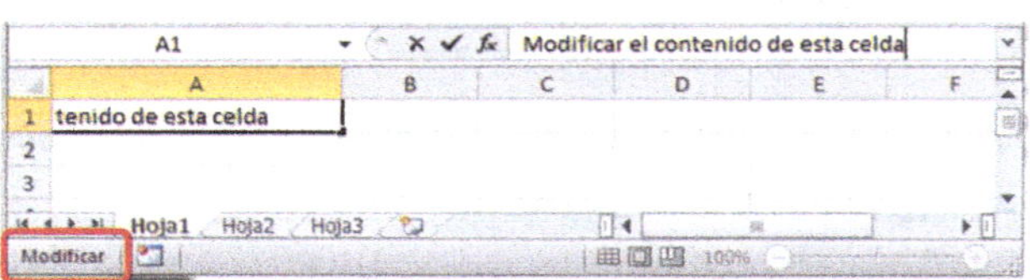

Cuando esté el dato validado, se leerá **Listo.**

2.2. Borrado del contenido de una celda o rango de celdas

Para borrar el contenido de una celda o de un rango de celdas, seleccionaremos las celdas que nos interesen y pulsaremos la tecla Suprimir.

También podremos borrar el contenido de una celda o un rango de celdas desde el botón **Borrar** que se encuentra en el grupo de herramientas **Modificar** de la pestaña **Inicio.** En el desplegable elegiremos **Borrar contenido.**

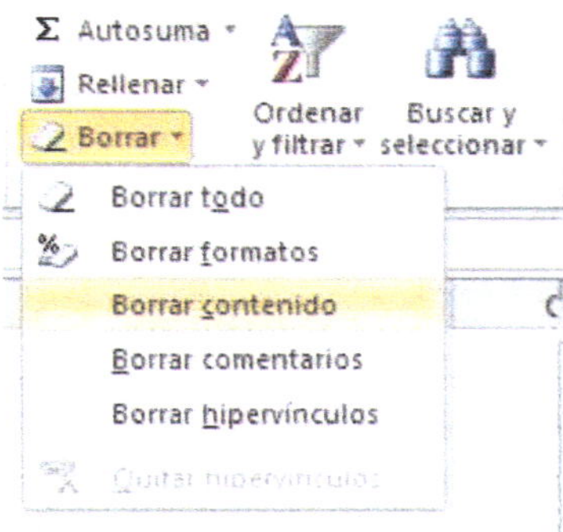

Encontramos esta misma opción clicando con el botón secundario del ratón sobre la selección de las celdas. En el **menú contextual** elegiremos **Borrar contenido.**

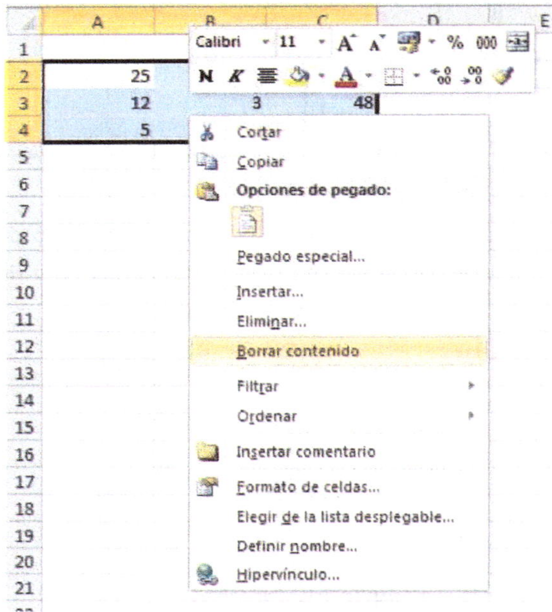

2.3. Uso del corrector ortográfico

Aunque Excel no es un programa de edición de textos, posee herramientas que nos ayudarán a cuidar la escritura, al activar diversas variables de corrección. Esto nos permitirá eliminar errores no deseados.

Encontraremos estas herramientas en el grupo **Revisión** de la pestaña **Revisar.**

Para activar el corrector ortográfico, nos situaremos en la primera celda de la hoja de cálculo y clicaremos en el botón **Ortografía** de este grupo de herramientas.

Comenzará la revisión y, en el caso de encontrar algún error ortográfico, aparecerá el cuadro de diálogo **Ortografía.**

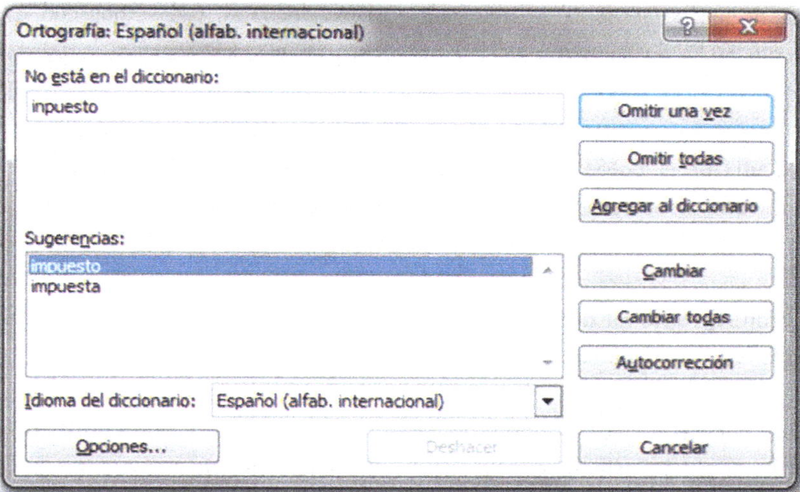

En la parte superior del cuadro aparece la palabra que Excel no encuentra en el diccionario, por lo que la considera un posible error ortográfico.

Importante

No todas las palabras señaladas como posibles errores ortográficos tienen por qué serlo.

Pueden no estar recogidas en el diccionario por su especificación (de tipo técnico, profesional o regional), por ser algún tipo de construcción derivada de otras palabras (por ejemplo, ocurre con la mayoría adverbios acabados en *mente*).

En cualquiera de estos casos, o bien cuando haya habido una mala transcripción de la palabra y ésta realmente no exista, el diccionario nos dará la opción de cambiarla por la correcta, ignorar el error o incluir la palabra (presuntamente errónea) en el diccionario para que sea detectada como correcta la próxima vez.

En el campo **Sugerencias** del cuadro de diálogo anterior encontraremos una lista de palabras propuestas para sustituir a la que puede estar mal escrita.

Si alguna de las palabras de la lista nos parece adecuada, clicaremos con el botón principal del ratón en **Cambiar** y esta aparecerá en el documento sustituyendo a la anterior.

Se puede utilizar el botón **Cambiar todas** si se decide que la sustitución de una palabra por otra debe ser empleada por Excel en posteriores apariciones de la misma palabra incorrecta.

Con el botón **Agregar al diccionario** se incluirá la palabra señalada incorrectamente en el diccionario del usuario de Excel.

En cambio, si clicamos con el botón principal del ratón en la opción **Omitir una vez,** el corrector seguirá adelante con la tarea, sin aplicar ningún cambio en la hoja de cálculo ni en el diccionario.

La opción **Omitir todas** hace que el programa ignore todas las posibles apariciones nuevas de la palabra desconocida en toda la hoja durante la corrección ortográfica en curso.

El botón **Deshacer** sirve para desbaratar el último cambio aplicado en la frase o el conflicto ortográfico en análisis. Se puede seguir pulsando dicho botón para deshacer cambios anteriores.

El botón **Autocorrección** realiza la corrección en la hoja y además añade la sustitución a una lista de autocorrecciones.

Clicando en el botón **Opciones** accederemos al cuadro de diálogo **Opciones de Excel,** abierto en el submenú **Revisión,** donde podremos configurar las opciones que nos interesen de comprobación automática de ortografía.

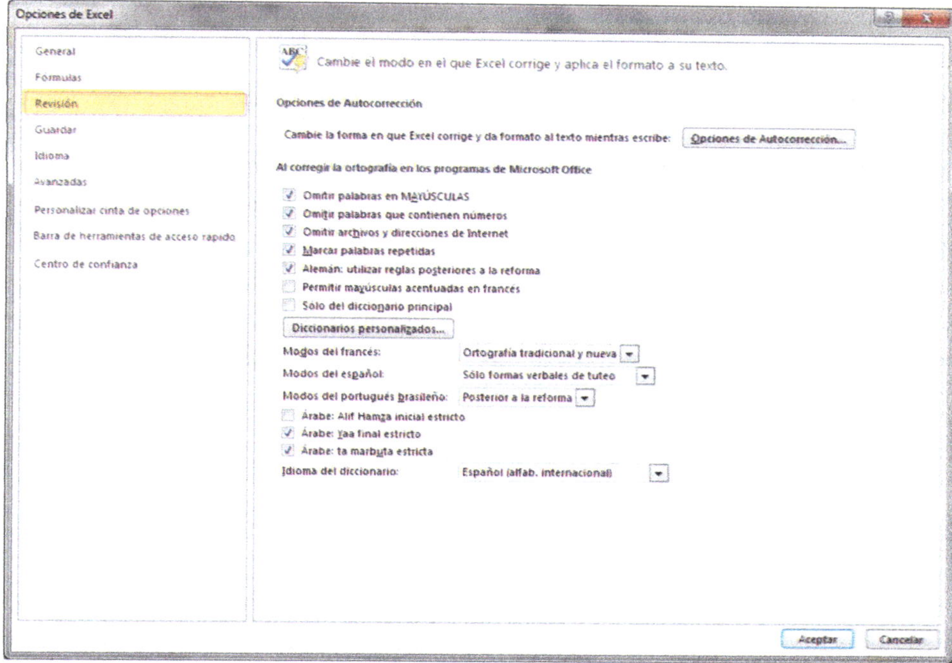

2.4. Uso de las utilidades de búsqueda y reemplazo

Excel nos permite **buscar** texto, números, fechas, etc. Esta función, ya sea sola o combinada con la de **reemplazar,** nos ayudarán en nuestro trabajo con hojas de cálculo.

Podremos hacer esto desde el botón **Buscar y seleccionar** del grupo **Modificar** de la pestaña **Inicio.**

A menudo, un dato que se repite en nuestra hoja de cálculo necesitamos cambiarlo por otro, eliminarlo totalmente o simplemente localizarlo para encontrar cierta información.

Cuando la hoja de cálculo es muy extensa, puede ser muy tediosa la búsqueda visual. Y siempre es más efectivo, a la par que cómodo, utilizar para estas tareas las herramientas que nos proporciona Excel.

Para realizar una búsqueda clicaremos en la opción **Buscar** del botón **Buscar y seleccionar,** lo que también es posible usando la combinación de teclado **Ctrl+B.**

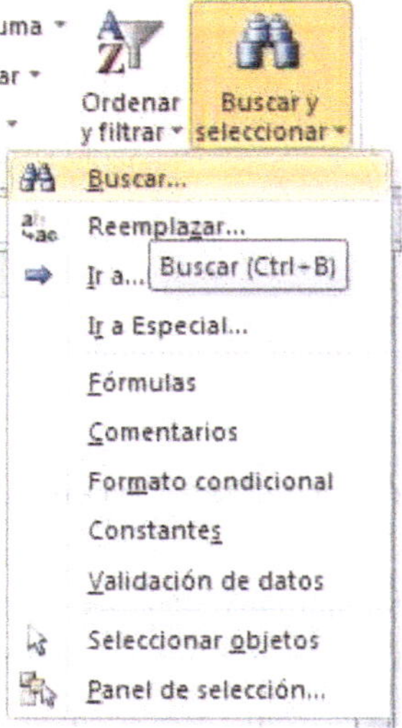

Aparecerá el cuadro de diálogo **Buscar y reemplazar.** En él escribiremos la palabra a buscar.

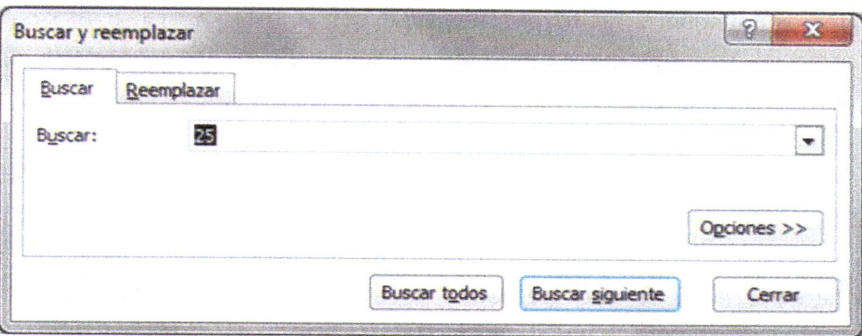

Clicamos en **Buscar siguiente** para localizar la próxima coincidencia. La opción **Buscar todos** realizará la búsqueda en toda la hoja.

La pestaña **Reemplazar** de este mismo cuadro de diálogo tiene un funcionamiento similar al de Buscar, sólo que aparecerá el campo **Reemplazar con,** donde escribiremos el dato que sustituirá al que está escrito en el campo Buscar.

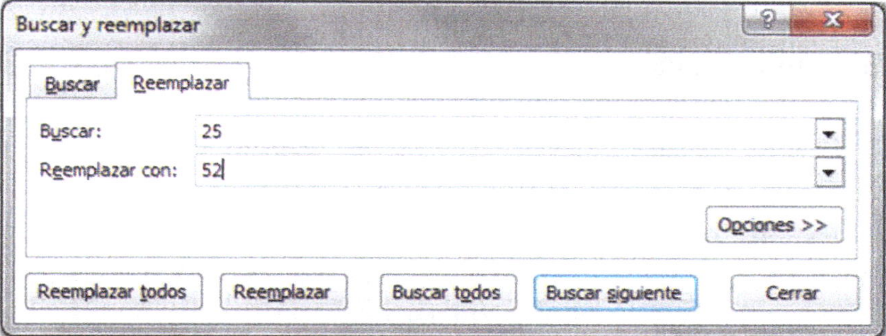

3. Modificación de la apariencia

Puesto que ya sabemos insertar y modificar los datos en las celdas, a continuación didáctica avanzamos en dificultad y nivel estructural de la hoja de cálculo, aprendiendo a dar formato las celdas.

Empezaremos por conocer las herramientas que nos permiten aplicar a las celdas un diseño atractivo, de forma que no presentemos solo una información interesante, sino que también ofreceremos un entorno atractivo.

Dichas aplicaciones nos permitirán cambiar desde el formato del contenido insertado en la celda, hasta el color de esta o la forma y el grosor de sus bordes.

Profundizaremos en el formato de datos. En Excel podemos introducir textos pero sobre todo números, detallaremos los distintos tipos de formatos de número que maneja Excel.

Aprenderemos a modificar la estructura de la hoja de cálculo, ocultando y mostrando filas o columnas o cambiando su tamaño.

Por último, le aplicaremos un estilo a nuestros datos, bien sea para presentar un trabajo más profesional o para resaltar ciertas celdas en función de su contenido.

3.1. Formato de celda

En los siguientes epígrafes estudiaremos cómo dar formato a las celdas de Excel mediante el grupo de herramientas **Número** de la pestaña **Inicio.**

1. Número

Clicando en la flecha que aparece abajo a la derecha de este grupo de herramientas, se abre el cuadro de diálogo **Formato de celdas** por la pestaña **Número.**

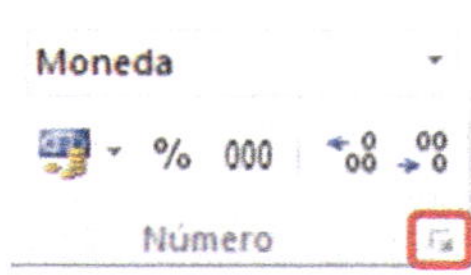

Dentro de la lista **Categoría** podemos elegir los **distintos formatos de número disponibles.** En el campo **Muestra** podemos previsualizar el tipo de número.

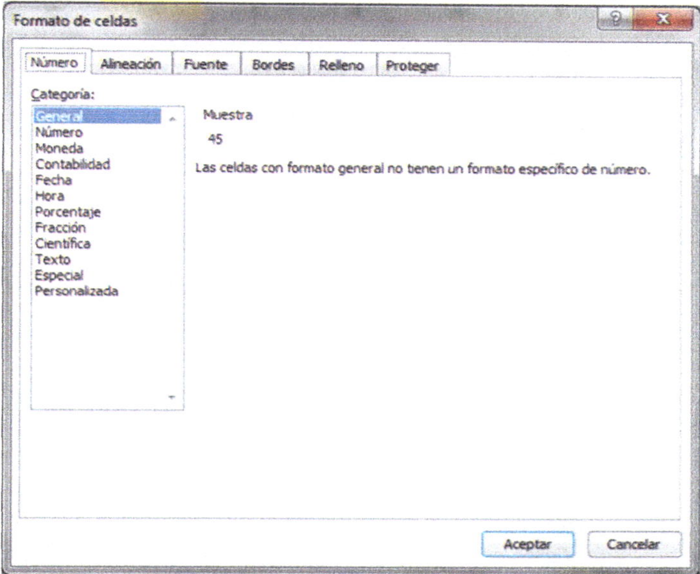

Veamos qué propiedades tiene cada categoría:

General: es el formato de Excel por defecto. Muestra el número introducido sin formato alguno. Admite enteros o decimales. Incluso en forma exponencial si la cifra no ocupa por completo la celda.

Número: es un formato que permite especificar el número de decimales, si se muestra o no el separador de millares y la forma de exponer los números negativos.

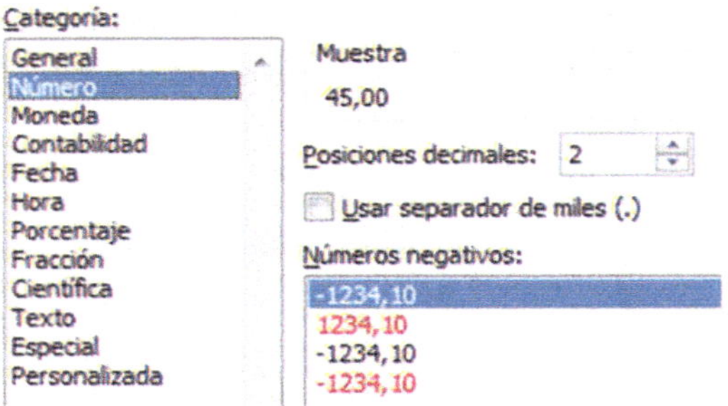

Moneda: es un formato específico para datos que reflejan valores monetarios, permitiendo especificar el símbolo de la divisa, los decimales y el modo de números negativos.

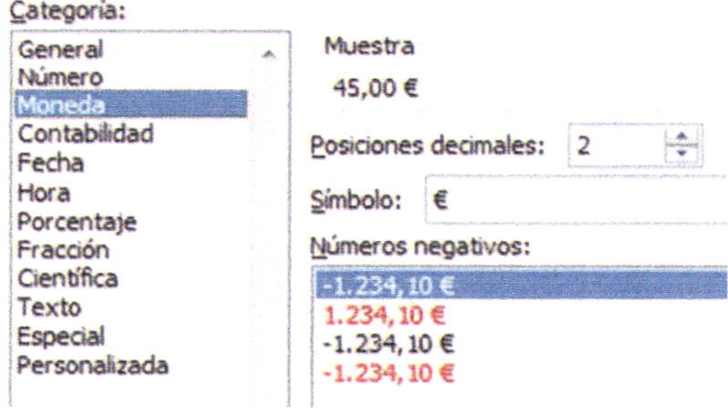

Contabilidad: es similar a Moneda, salvo que no cuenta con la opción de mostrar números negativos.

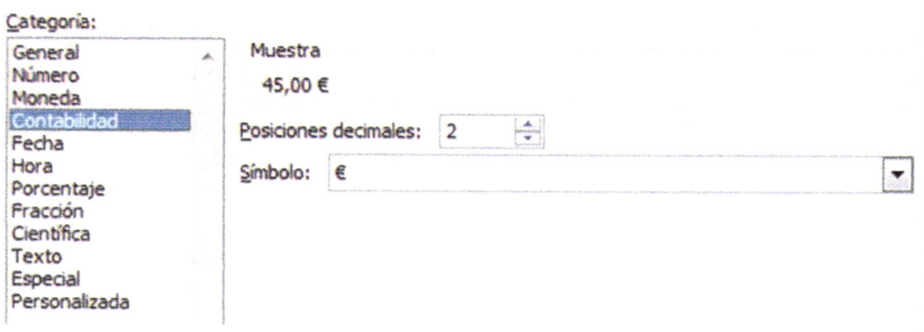

Fecha y Hora: son categorías que representan en diferentes tipos de formato la fecha y hora.

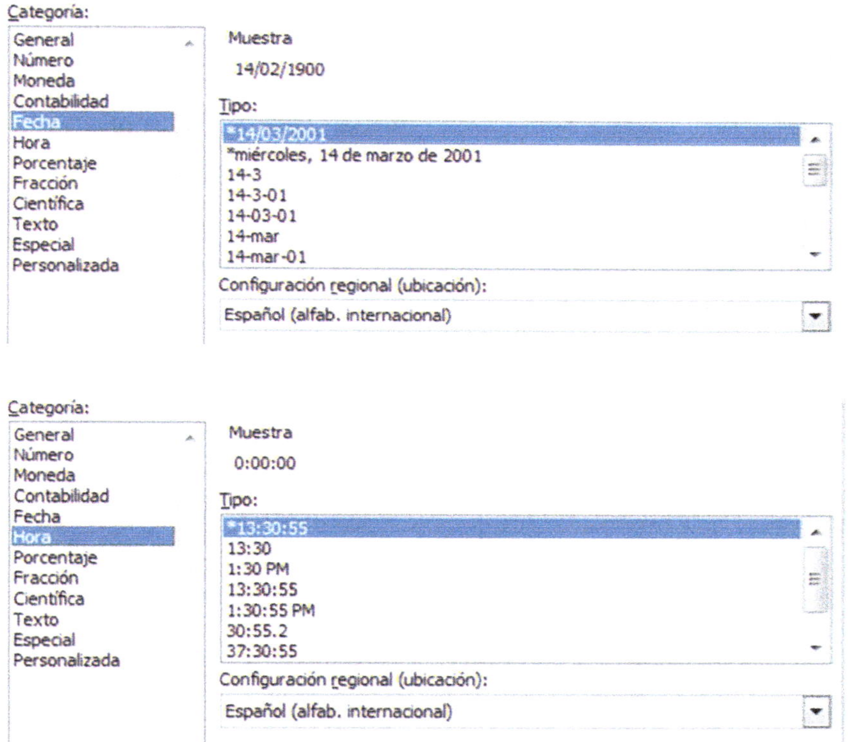

Porcentaje: aplica al valor de la celda una multiplicación por 100 y le asigna el símbolo del %.

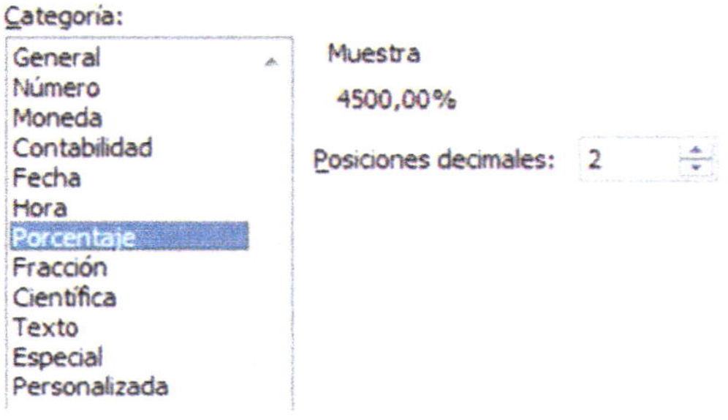

Fracción: nos muestra una lista de hasta nueve tipos de formatos de representación de fracciones.

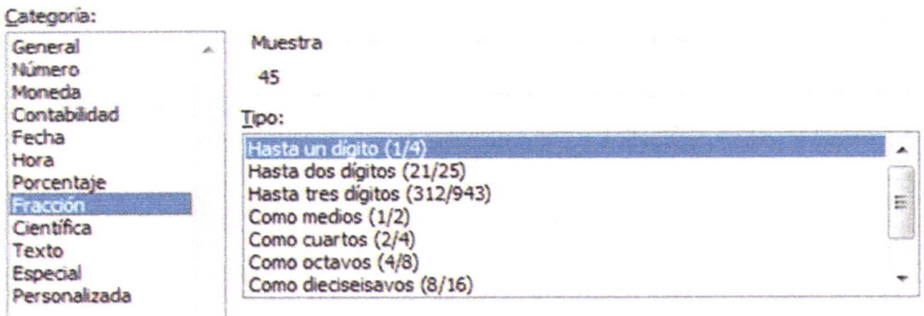

Científica: visualiza el valor de la celda en formato de coma flotante con la opción de indicar hasta 30 posiciones decimales.

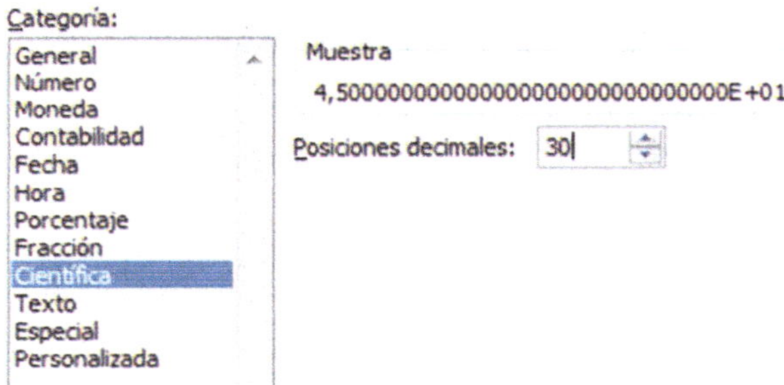

Texto: trata como carácter, como texto, todo el contenido de la celda, aunque haya números.

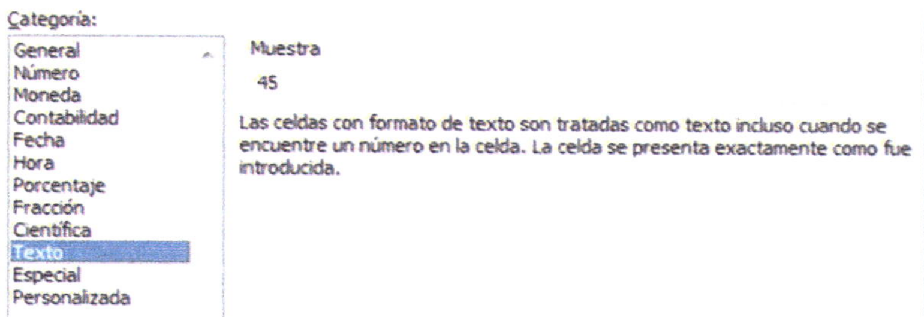

Especial: recoge distintos formatos especiales como son código postal, número de teléfono o número de seguridad social.

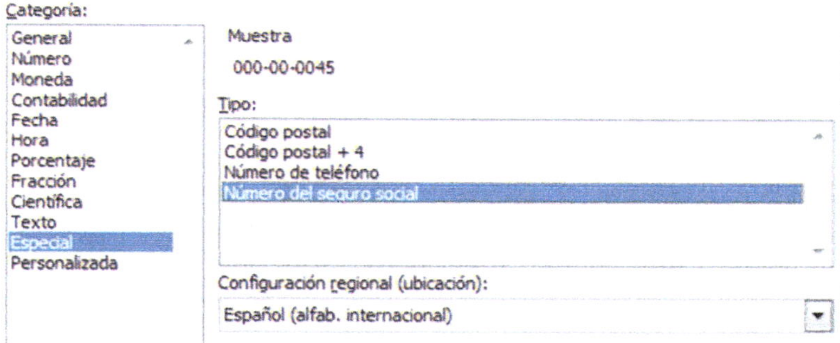

Personalizada: permite crear formatos personalizados en base a un lenguaje propio de programación.

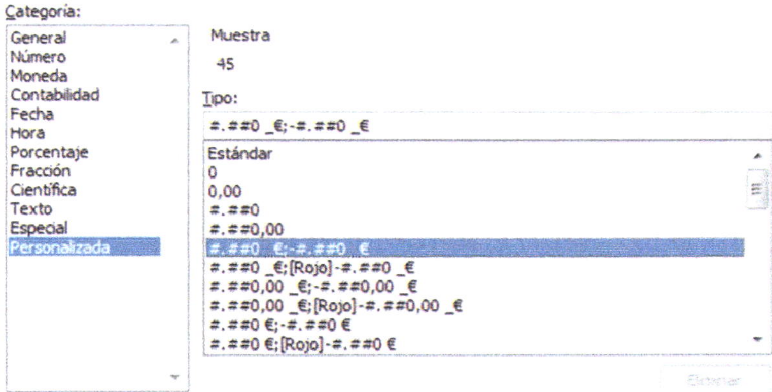

Consejo

Consulte el siguiente enlace para aprender cómo crear un **formato de número personalizado:**

http://office.microsoft.com/es-hn/excel-help/crear-o-eliminar-un-formato-de-numero-personalizado-HP010342372.aspx?CTT=1

El grupo de herramientas **Número** de la pestaña **Inicio** también nos da acceso a las opciones explicadas.

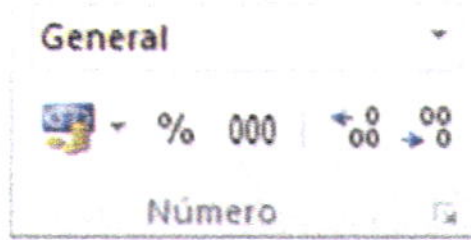

2. Alineación

Desde la pestaña **Alineación** del cuadro de diálogo Formato de celdas, podemos definir la manera en que se distribuye el texto dentro de los márgenes de una celda o un conjunto de ellas (tanto si decidimos combinar o no varias celdas).

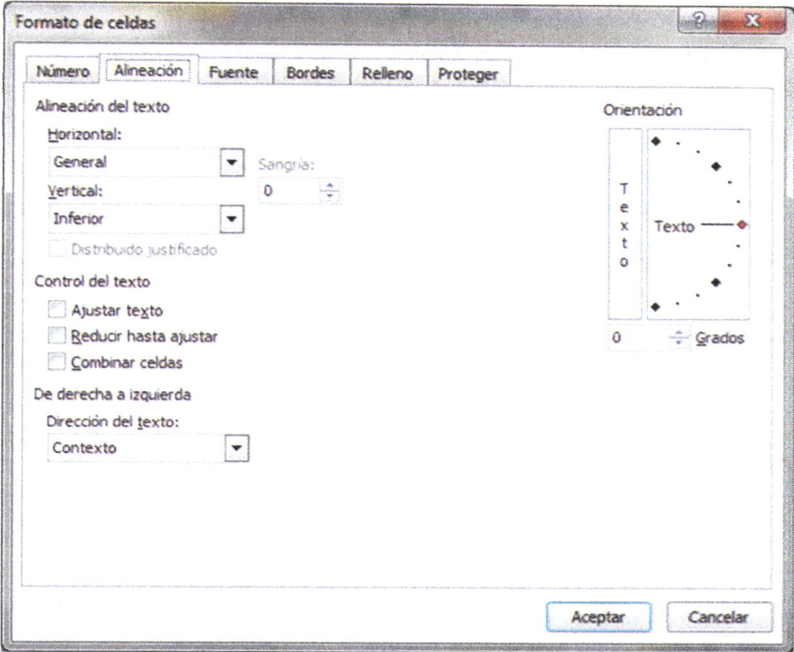

En la sección **Alineación del texto** vemos las listas desplegables Horizontal y Vertical.

Con las opciones que nos presenta Excel podremos alinear el contenido de las celdas respecto a la anchura (con **Horizontal**) y la altura (con **Vertical**).

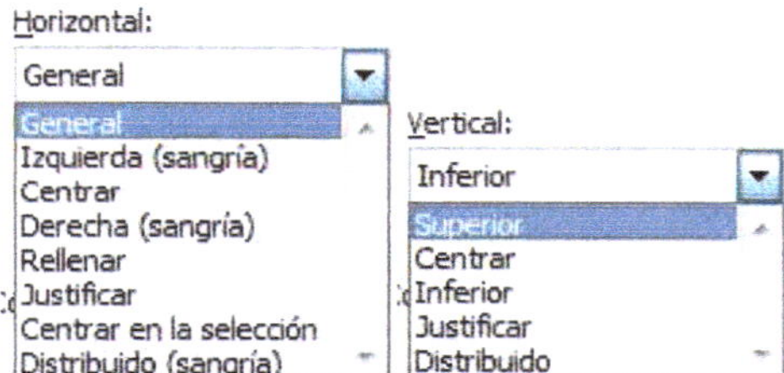

Dentro de la lista que presenta Horizontal, destacamos la opción **General,** la que aplica Excel por defecto alineando las celdas en función del tipo de dato insertado, con los números a la derecha y los textos a la izquierda.

Con **Orientación** se puede incluso aplicar una orientación distinta a la que Excel aplica por defecto (0º), de forma que podríamos representar el contenido en una disposición inclinada con cualquier ángulo.

En la sección **Control del texto** encontramos tres opciones que podemos activar:

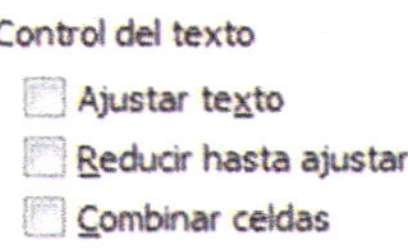

Activar **Ajustar texto** hace que si se introduce un texto muy largo y este no cabe en el largo de la celda Excel aumente la altura de la fila para que quepa en la celda. Por defecto, aparece desactivado y Excel utiliza las celdas contiguas para visualizar el contenido.

Reducir hasta ajustar hace que, en el caso anterior, Excel reduzca el tamaño del texto para que entre en el ancho de celda establecido.

Combinar celdas es un comando que se utilizará a menudo. Con este botón podemos unir en una sola celda distintas celdas seleccionadas previamente.

De forma más cómoda, encontraremos todas las opciones de combinar celdas en el grupo de herramientas **Alineación.** Simplemente con un clic podremos unir distintas celdas y ordenar cómo se alinea el contenido en la nueva resultante.

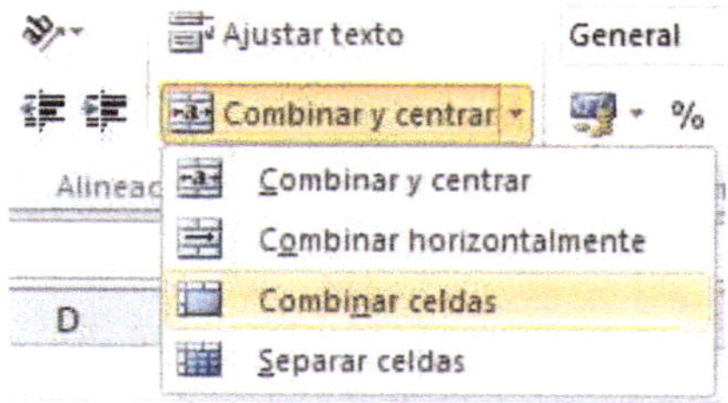

Separar celdas servirá para la función inversa.

En este grupo de herramientas también encontramos el resto de opciones explicadas.

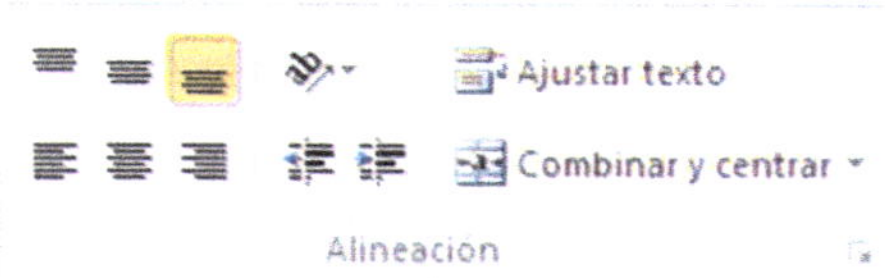

3. Fuente

Como ocurre para todos los grupos de herramientas que estamos explicando, seleccionado previamente algún fragmento de texto o grupo de celdas que tengamos en la hoja de cálculo podremos aplicar los distintos cambios de formato.

Clicando en la pequeña flecha de la parte inferior derecha del grupo de herramientas **Fuente** de la pestaña **Inicio** podemos abrir el cuadro de diálogo **Formato de celdas** en su pestaña **Fuente.**

¿Sabía que...?

A cada una de estas pestañas podemos acceder directamente desde la cinta de opciones, pulsando en los respectivos botones de la zona inferior derecha de Alineación, Número o Estilos.

Los comandos más utilizados que vemos en las distintas pestañas del cuadro de diálogo Formato de celdas están colocados por defecto en la pestaña Inicio de la cinta de opciones del programa.

Este es el aspecto que presenta la pestaña **Fuente:**

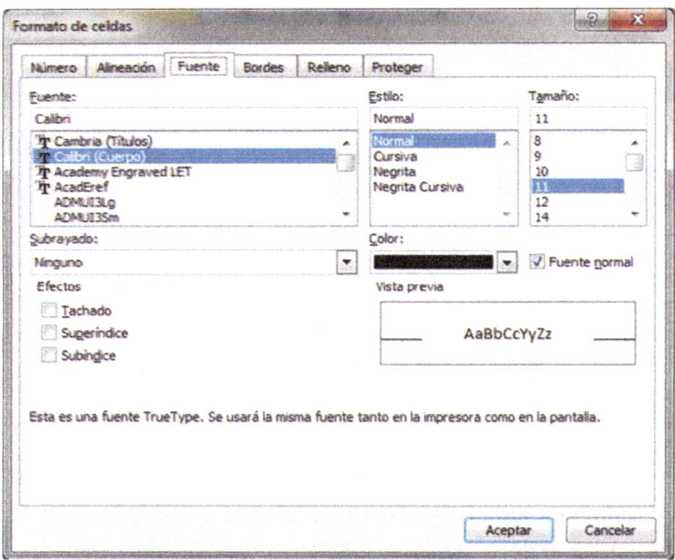

En ella encontramos diferentes secciones, con distintas listas desplegables y botones de selección, para determinar el tipo de **Fuente,** su **Estilo** (efectos Cursiva o Negrita), el **Tamaño,** el tipo de **Subrayado,** el **Color** de los caracteres, si deseamos que se muestre un **tachado** o el carácter como **superíndice** o **subíndice.**

En la parte inferior derecha del cuadro de diálogo tenemos una **Vista previa** para poder visualizar sin salir del menú qué efecto tienen las distintas modificaciones realizadas.

También podremos modificar el formato de la fuente directamente desde el grupo de **Herramientas/Fuente.**

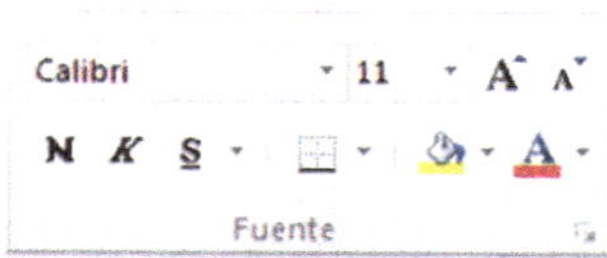

4. Bordes

A través de la pestaña **Bordes** encontramos una serie de herramientas para poder crear (o eliminar) líneas de distinto grosor, color y apariencia en las aristas de cada celda.

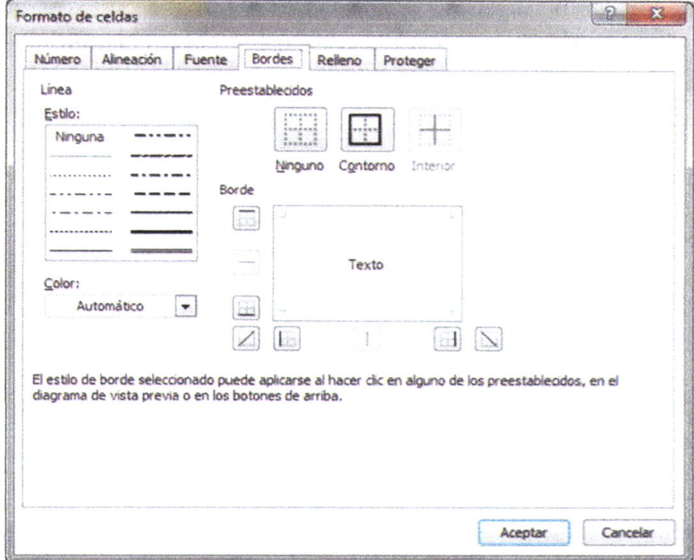

En primer lugar seleccionaremos la celda o grupo de celdas a que aplicar los cambios y después ajustaremos el aspecto estético que llevará la selección.

En la sección **Preestablecidos** contamos con tres botones que nos indican no poner bordes **(Ninguno)**, colocarlos en el borde **(Contorno)** o situarlos en el interior de la selección **(Interior).**

Pero podemos crear los bordes de forma irregular, en las caras que deseemos, gracias a los comandos de la sección **Borde,** en el que además contamos con una zona de previsualización.

Con **Línea** y **Color** definimos el aspecto de nuestras celdas, seleccionando el grosor, la forma y el color de cada borde.

Para aplicar los bordes, podemos activar a la vez distintos botones dentro de Borde, hasta personalizar completamente la selección.

Estos botones se utilizan con mucha frecuencia en el trabajo con Excel, por lo que es muy práctico emplearlos a través del botón Bordes del grupo **Fuente** de la pestaña **Inicio,** puesto que veremos el resultado en la propia selección en la hoja de cálculo.

Los iconos muestran el efecto de las combinaciones empleadas más frecuentemente.

5. Relleno

Con la pestaña **Relleno** del cuadro de diálogo **Formato de celdas** podemos aplicar a las diferentes celdas colores de fondo que hagan resaltar distintas zonas de la hoja.

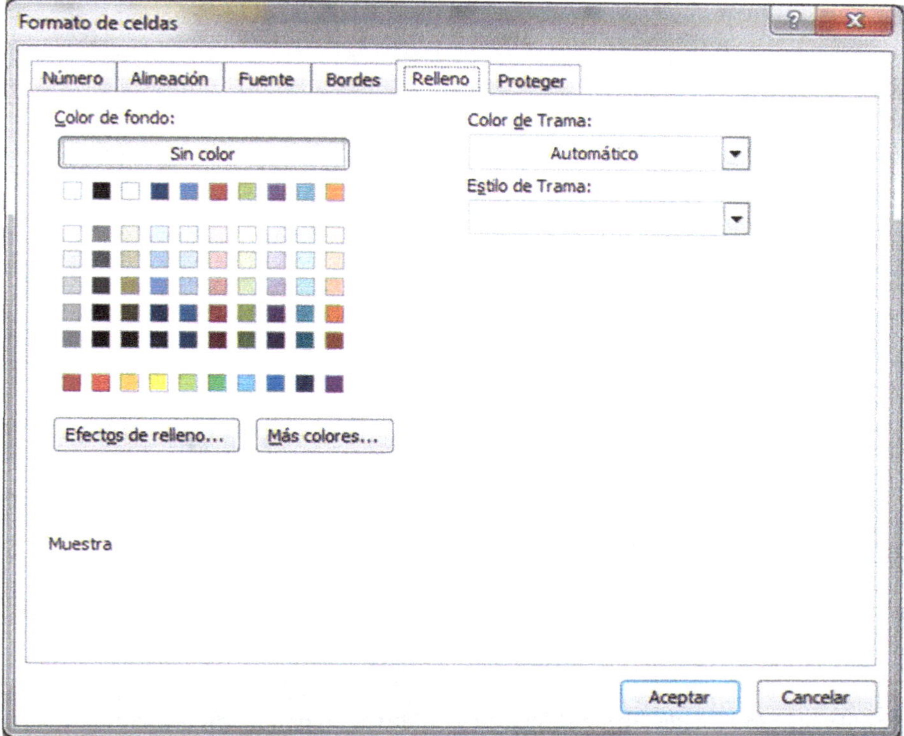

En **Color de fondo** se puede elegir el tono deseado. Mientras que a través de **Color de trama y Estilo** se da la posibilidad de añadir efectos y formas a la distribución del color.

Clicando en **Efectos de relleno** se abre una nueva ventana con el mismo nombre en la que se podrán aplicar degradados a los colores de fondo.

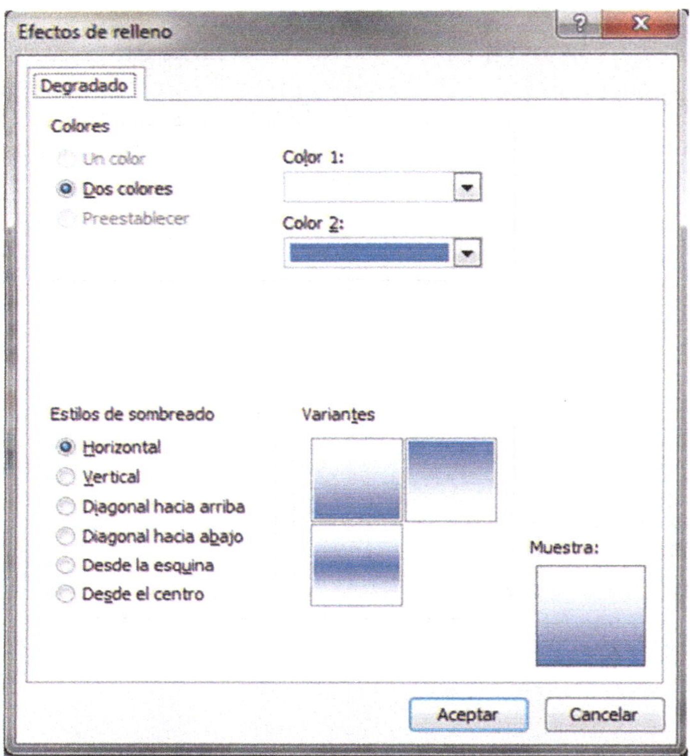

 **Consejo**

Se recomienda **resaltar de forma diferente las filas o columnas de encabezado de las celdas,** ya sea con colores distintos y/o con bordes más gruesos.

Igualmente, es aconsejable situar los bordes gruesos para definir el contorno de los grupos de celdas que conformen una serie de datos y dejar los finos para las divisiones interiores.

Una utilización desmedida de estas herramientas puede tener un efecto contraproducente, desviando la atención de los resultados que se muestran en favor del propio diseño.

La elección acertada del diseño, en cambio, otorgará mayor valor a nuestro trabajo. No es lo mismo presentar una serie de datos de forma desnuda:

Trabajador	Fecha de nacimiento	Entrada en la empresa	Sueldo
Pedro Fuentes	08/03/1976	03/11/2010	1.500 €
Laura Ballester	15/05/1980	01/09/2007	1.100 €
Bruno Gómez	13/11/1978	15/01/2005	1.800 €
Ana Sánchez	06/07/1975	20/05/2000	1.200 €

que formateados de manera que se resalten los distintos campos de información:

Trabajador	Fecha de nacimiento	Entrada en la empresa	Sueldo
Pedro Fuentes	08/03/1976	03/11/2010	1.500 €
Laura Ballester	15/05/1980	01/09/2007	1.100 €
Bruno Gómez	13/11/1978	15/01/2005	1.800 €
Ana Sánchez	06/07/1975	20/05/2000	1.200 €

6. Protección

La última pestaña del cuadro de diálogo **Formato de celdas** es **Proteger.**

La protección de celdas nos permitirá bloquear el contenido de celdas importantes para evitar que se modifiquen por error.

Para realizar esta operación, tendremos que proteger, en primer lugar, las celdas que no queramos que se modifiquen y posteriormente, proteger la hoja de cálculo.

Por defecto, todas las celdas de Excel están protegidas. No lo notaremos mientras no protejamos la hoja.

Para proteger sólo ciertas celdas, el procedimiento a seguir será el siguiente:

- **Seleccionaremos toda la hoja de cálculo,** clicando en el botón de la parte superior izquierda de la misma.

- **Abriremos el cuadro de diálogo Formato de celdas,** clicando en el botón de la esquina inferior derecha del grupo Fuente, por ejemplo. Mostraremos la pestaña Proteger.

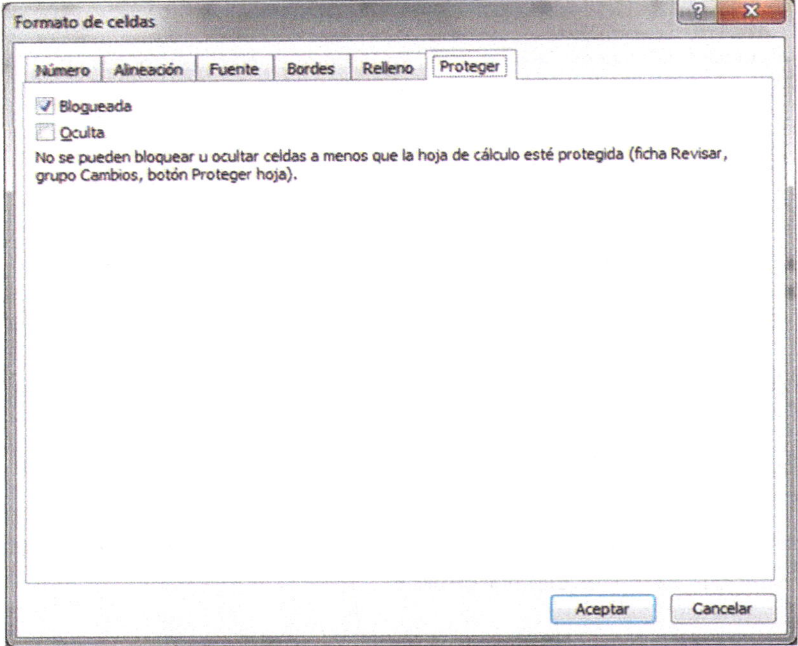

- **Desactivaremos Bloqueada** para desbloquear todas las celdas de la hoja. Clicamos en Aceptar.

- **Seleccionamos la celda o celdas a proteger.**

- Volvemos a abrir la pestaña **Proteger** y marcamos la casilla **Bloqueada.**

- Por último, vamos al grupo **Cambios** de la pestaña **Revisar.** Clicamos en **Proteger hoja.**

En el cuadro de diálogo **Proteger hoja** haremos clic en Aceptar. Si lo deseamos podemos activar antes alguna de las opciones que nos ofrece Excel.

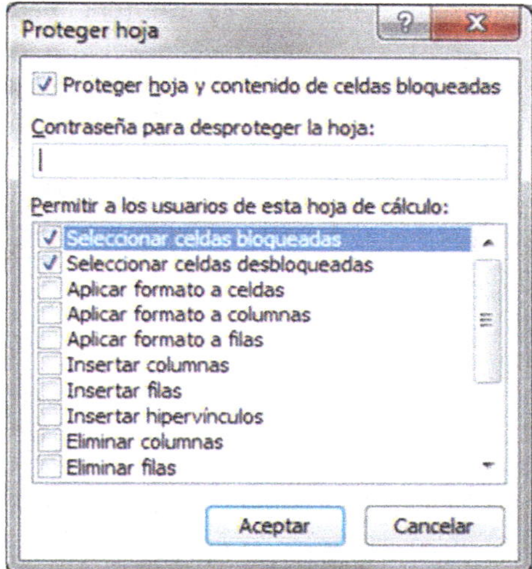

Si intentamos modificar el contenido de las celdas protegidas, comprobaremos cómo Excel nos muestra un aviso de que no podemos editarlas.

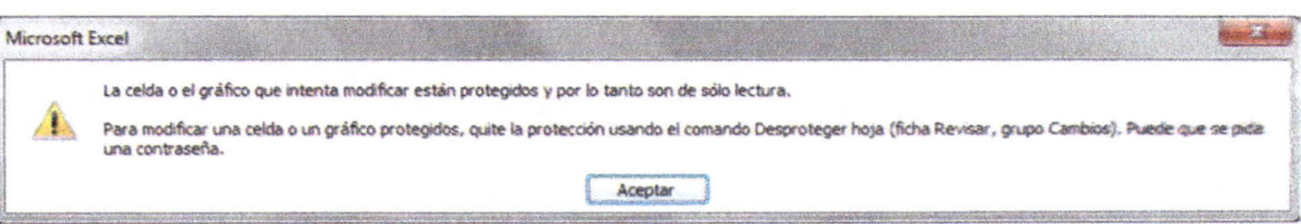

3.2. Ancho y alto de columnas y filas

Excel nos permite modificar la estructura general de las hojas de cálculo o del propio libro de trabajo. Vamos a aprender a continuación a modificar el tamaño de las filas y columnas.

En el botón **Formato** del grupo de herramientas **Celdas** de la pestaña **Inicio** encontramos los comandos necesarios para cambiar el tamaño de celda.

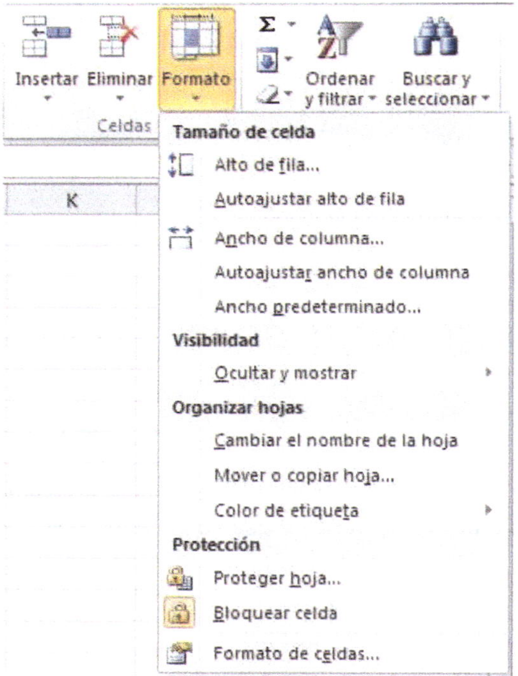

El primero de ellos nos da la posibilidad de ajustar el **Alto de fila.** Como siempre, haremos una selección de la fila (o filas) que nos interese y pinchamos en el comando.

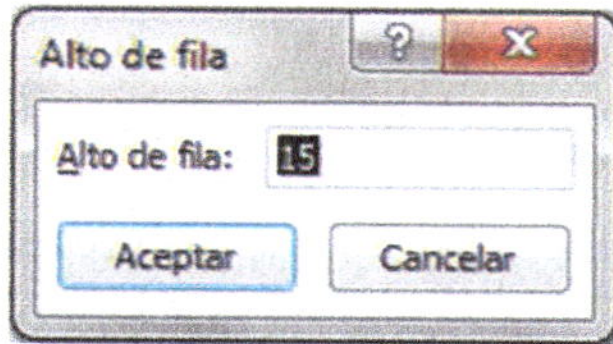

En el cuadro de diálogo **Alto de fila** indicamos la **altura exacta** que deseamos.

Consejo

La altura que se suele aplicar al tamaño de la fuente oscila entre 10 y 12 puntos. Los títulos pueden subir hasta 14 o incluso 20.

Lo recomendable es que el alto de la fila sobrepase en un par de puntos el tamaño de la fuente para que el texto no aparezca muy comprimido respecto a los bordes.

La opción **Autoajustar alto de fila** se utiliza para dar una altura automáticamente a la fila, acorde al tamaño de la fuente con más altura existente en esas celdas.

Si situamos el cursor del ratón entre los nombres de dos filas, observaremos cómo cambia de forma a una flecha doble. En ese momento también podremos ajustar el alto de la fila.

Al arrastrar la división entre fila y fila, Excel nos muestra el alto de la misma la vez que aumentamos o disminuimos su tamaño.

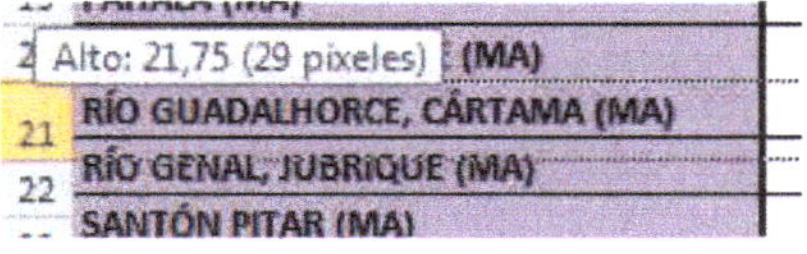

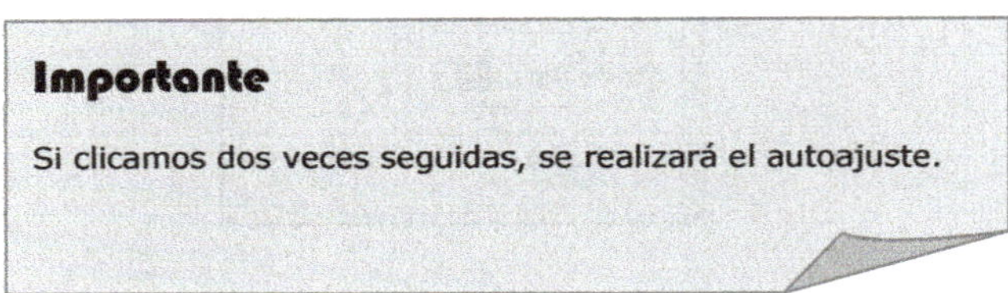

De igual manera, contamos con los botones **Ancho de columna** y **Autoajustar ancho de columna** para definir la longitud de las columnas de nuestra hoja de cálculo.

Para modificar el ancho de las columnas, procederemos de la misma manera que para las filas, pero con las opciones antes mencionadas.

En este caso, el cuadro de diálogo que nos permite el ajuste exacto se llama **Ancho de columna:**

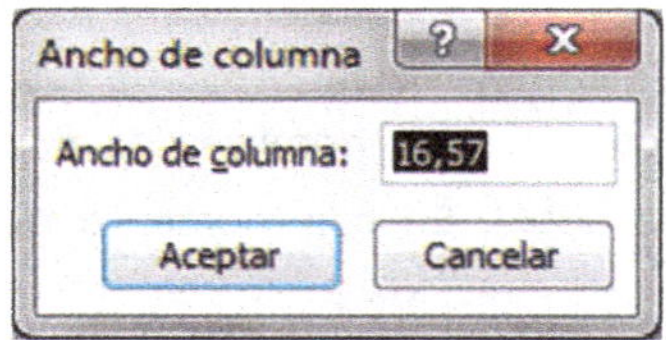

Consejo

Si el tamaño de los textos o números introducidos en la hoja de cálculo lo permite, es recomendable **adoptar un ancho de columna fijo para toda la hoja;** resultará una presentación más formal.

Excel nos permite asignar un ancho de columna estándar para todas las columnas de la hoja de cálculo activa a través del comando **Ancho predeterminado:**

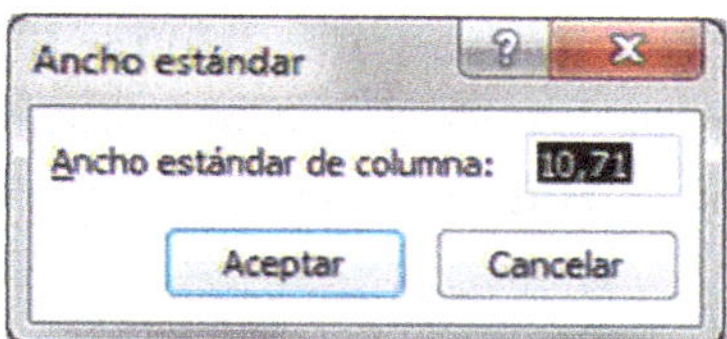

De esta forma, todas las columnas pasarán a tener el mismo ancho, salvo aquellas que hubiéramos fijado a través del comando Ancho de columna.

3.3. Ocultando y mostrando columnas, filas u hojas de cálculo

El menú desplegable **Formato** nos muestra también un botón desplegable llamado **Ocultar y mostrar:**

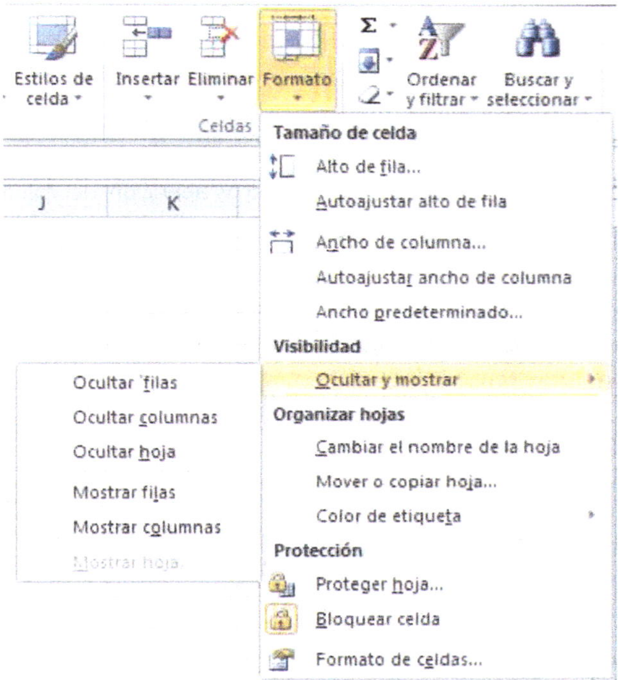

Seleccionado una o varias filas y pinchando en **Ocultar filas,** Excel hace desparecer las filas de la pantalla, aunque lógicamente siguen existiendo y siempre es posible rescatarlas de nuevo clicando en **Mostrar filas.**

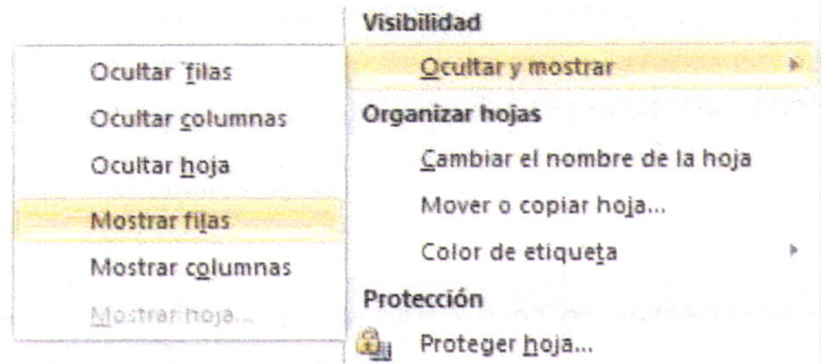

Este botón hará visibles en cualquier momento las filas que estén como ocultas en la hoja de cálculo activa.

La operación de mostrar y ocultar filas puede ser muy útil si trabajamos con muchos datos y momentáneamente deseamos eliminar de la pantalla información que no es útil para realizar ciertas tareas.

De igual forma, podemos forzar la desaparición y aparición de columnas mediante **Ocultar columnas** y **Mostrar columnas** respectivamente.

Asimismo, Excel nos da la opción de hacer aparecer o desaparecer las hojas de cálculo que conforman nuestro libro de trabajo. Para ocultar una hoja, nos situaremos en ella y clicaremos en **Ocultar hoja.**

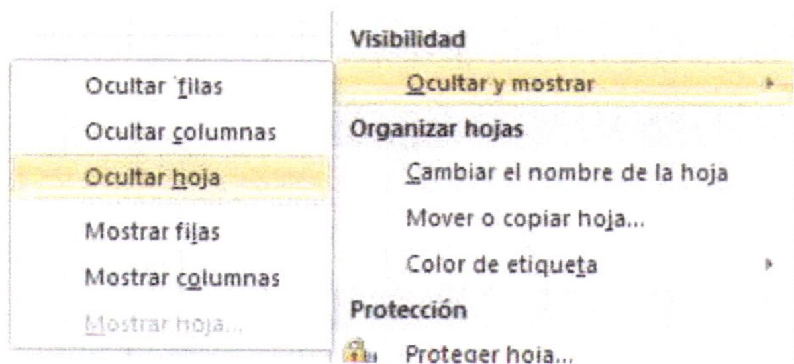

Desde cualquier hoja activa, podemos hace que se muestren las ocultas pinchando en **Mostrar hoja.**

3.4. Formato de la hoja de cálculo

Excel nos ofrece en el grupo de herramientas **Estilos** de la pestaña **Inicio** la posibilidad de dar formato a nuestra hoja de cálculo.

A partir de una serie de diseños previos podemos ahorrar trabajo y tiempo eligiendo alguno de los formatos propuestos, que encontramos en el botón desplegable ubicado en la esquina inferior derecha.

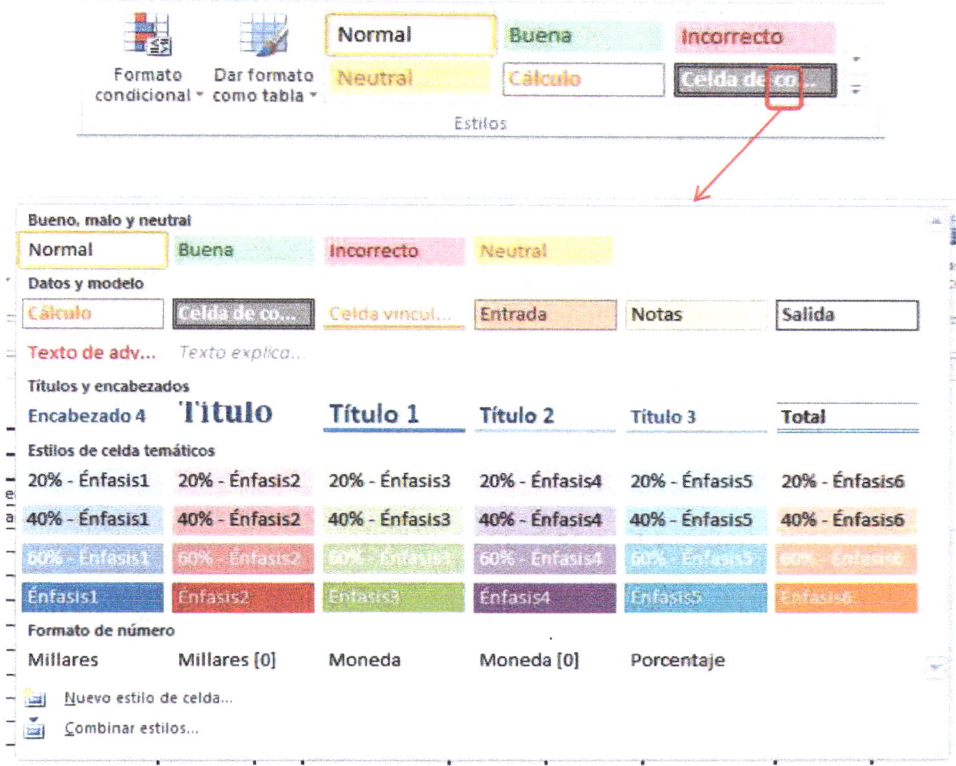

En función del tamaño de la pantalla o si no tenemos maximizada la ventana de Excel, el botón **Estilos de celda** puede aparecer de la siguiente manera:

Pasando el ratón por los diseños, obtendremos automáticamente una **vista previa del nuevo formato** sobre la selección.

3.5. Cambio de nombre de una hoja de cálculo

El siguiente grupo de comandos que ofrece el botón desplegable **Formato** del grupo **Celdas** de la pestaña **Inicio** está bajo el epígrafe de **Organizar hojas.** Desde aquí podremos cambiar el nombre de la hoja de cálculo.

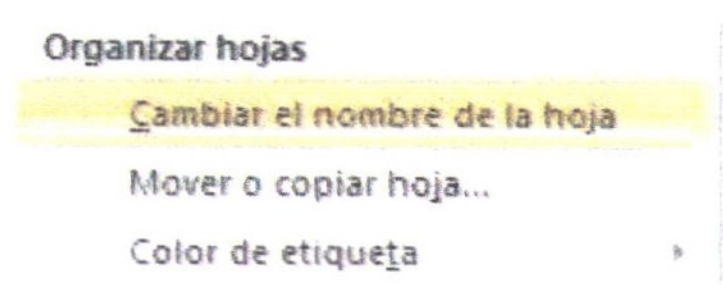

Clicando en **Cambiar el nombre de la hoja** Excel activa la edición de la pestaña de la hoja de cálculo que tengamos activa:

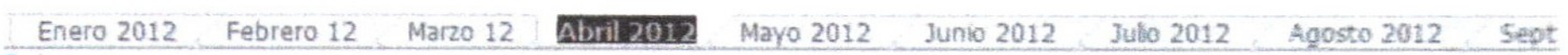

Consejo

Esta operación es muy útil para dotar a nuestro libro de trabajo de una mejor organización.

Encontrar la información, tanto para el propio autor del archivo como para otra persona que lo consulta, resultará más sencillo si en la etiqueta resumimos de forma muy escueta su contenido.

Excel reserva 31 caracteres para cada etiqueta de hoja de cálculo.

Otra forma de cambiar el nombre de la hoja es clicar con el botón secundario del ratón sobre la pestaña. En el menú contextual elegiremos **Cambiar nombre.**

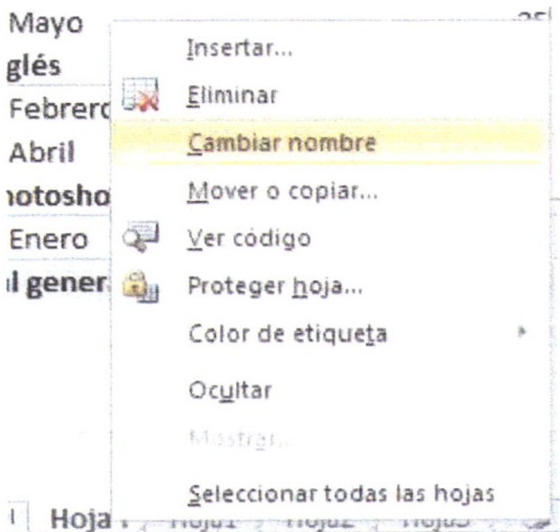

3.6. Formatos condicionales

Esta herramienta se emplea para mostrar una información extra en las celdas, de forma que el programa nos informa de un vistazo, si un valor supera un determinado rango, cumple una determinada condición, provoca un error en una serie, etc.

Encontramos la herramienta **Formato condicional** en el grupo **Estilos** de la pestaña **Inicio.**

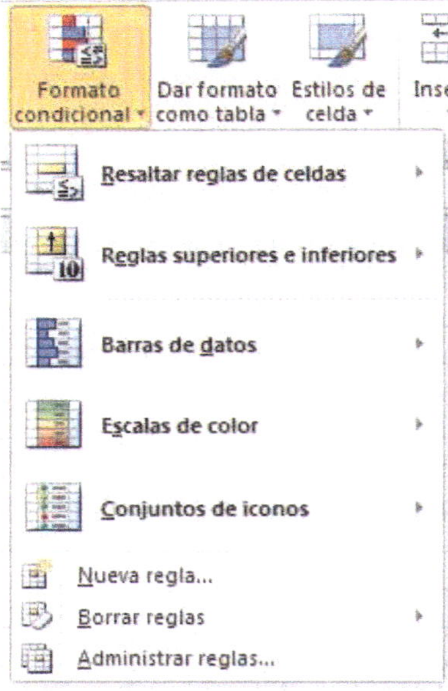

Para mostrar la información extra que comentábamos, Excel resalta de forma automática, con distintos diseños predeterminados (o personalizados) aquellas celdas que cumplen esas condiciones.

Tras seleccionar las celdas a las que queremos aplicar el formato condicional, clicamos en este botón. Se despliega un panel en el que la primera opción es **Resaltar reglas de celdas.**

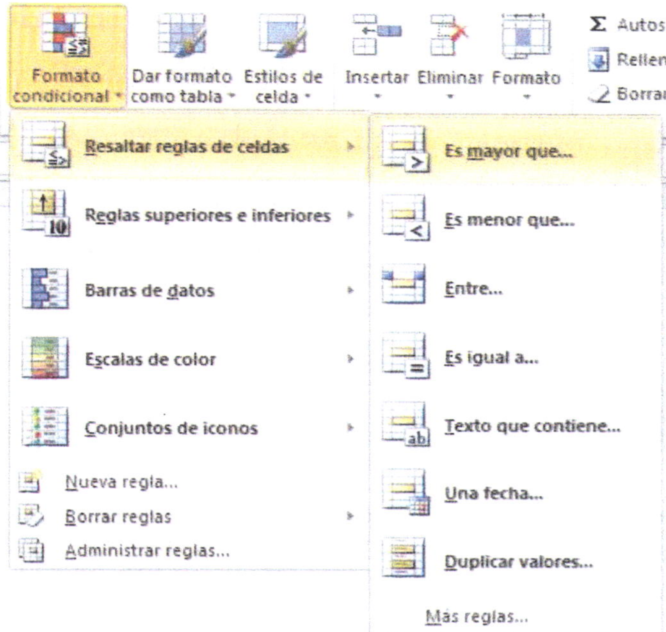

A continuación, podemos elegir distintas opciones; rangos que remarcarán de alguna forma en la hoja las celdas que nos interesen. Por ejemplo, eligiendo **Es mayor que…**

LOCALIDAD	07-mar	08-mar	09-mar	10-mar	11-mar	12-mar	13-mar	14-mar	TOTAL
LOS REALES DE ESTEPONA (MA)	0,5	12,0	58,1	23,7	113,2	25,1	2,9	49,6	285,1
LOMAS DE CAMARA (CA)	0,2	25,6	37,7	22,6	77,1	9,0	11,3	32,2	215,7
ALHAURÍN DE LA TORRE (MA)	0,2	8,2	42,9	30,2	76,5	31,4	0,0	18,0	207,4
SIERRA DE LUNA (CA)	1,1	35,7	38,6	6,9	59,2	15,7	16,5	23,6	197,3
PUJERRA (MA)	0,2	3,6	53,0	10,2	70,6	9,5	3,6	46,4	197,1
ISTÁN (MA)	0,2	3,1	78,4	23,8	51,8	5,6	1,4	29,5	193,8
CASARABONELA (MA)	0,0	2,2	37,5	14,1	108,6	2,9	1,4	20,9	187,6
COÍN (MA)	0,4	4,5	46,0	12,2	40,1	62,9	0,4	14,5	181,0
RÍO GRANDE, LAS MILLANAS (MA)	0,1	2,5	51,7	15,8	82,6	4,7	0,6	19,2	177,2
MAJADA DE LAS LOMAS (MA)									
MIJAS PUEBLO (MA)									
DEPÓSITO REG. CHARCO RDO. (C									
RÍO HOZGARGANTA, JIMENA (CA									
RÍO GUADIARO, S. PABLO BUCEIT									
TORRE TOMA CHARCO RDO. (CA)									
OJÉN (MA)									
SAN ENRIQUE DE GUADIARO (CA									
CALAHONDA, MIJAS-COSTA (MA)	0,0	6,0	74,2	21,1					,1
SIERRA MIJAS (MA)	0,6	4,4	34,8	21,3					,2
DEPURADORA DE MARBELLA (MA)	0,0	1,2	52,1	13,4	36,0	8,4	1,3	18,6	141,0

Podemos marcar con el formato que elijamos del desplegable de la derecha aquellas celdas que superan un cierto valor:

LOCALIDAD	07-mar	08-mar	09-mar	10-mar	11-mar	12-mar	13-mar	14-mar	TOTAL
LOS REALES DE ESTEPONA (MA)	0,5	12,0	58,1	23,7	113,2	25,1	2,9	49,6	285,1
LOMAS DE CAMARA (CA)	0,2	25,6	37,7	22,6	77,1	9,0	11,3	32,2	215,7
ALHAURÍN DE LA TORRE (MA)	0,2	8,2	42,9	30,2	76,5	31,4	0,0	18,0	207,4
SIERRA DE LUNA (CA)	1,1	35,7	38,6	6,9	59,2	15,7	16,5	23,6	197,3
PUJERRA (MA)	0,2	3,6	53,0	10,2	70,6	9,5	3,6	46,4	197,1
ISTÁN (MA)	0,2	3,1	78,4	23,8	51,8	5,6	1,4	29,5	193,8
CASARABONELA (MA)	0,0	2,2	37,5	14,1	108,6	2,9	1,4	20,9	187,6
COÍN (MA)	0,4	4,5	46,0	12,2	40,1	62,9	0,4	14,5	181,0
RÍO GRANDE, LAS MILLANAS (MA)	0,1	2,5	51,7	15,8	82,6	4,7	0,6	19,2	177,2
MAJADA DE LAS LOMAS (MA)	0,0	29,6	34,2	3,2	63,2	5,3	10,0	28,5	174,0
MIJAS PUEBLO (MA)	0,2	7,2	48,0	27,0	50,4	16,4	0,4	16,0	165,6
DEPÓSITO REG. CHARCO RDO. (CA)	0,0	12,7	33,6	11,2	70,5	3,6	5,2	26,9	163,7
RÍO HOZGARGANTA, JIMENA (CA)	0,0	4,3	40,4	3,9	60,1	8,1	16,6	29,2	162,6
RÍO GUADIARO, S. PABLO BUCEITE (CA)	0,0	2,1	39,8	2,4	50,7	7,0	25,9	34,4	162,3
TORRE TOMA CHARCO RDO. (CA)	0,0	14,5	34,0	11,9	67,1	3,6	4,0	24,6	159,7
OJÉN (MA)	0,2	3,8	56,8	18,5	49,5	7,6	2,2	19,6	158,2
SAN ENRIQUE DE GUADIARO (CA)	0,9	6,7	58,3	2,4	24,5	10,6	3,0	48,5	150,8

Esta herramienta nos da más opciones: a través de **Reglas superiores e inferiores...** podemos marcar aquellos 10 valores superiores o inferiores de una serie, o bien aquellos que estén en el 10% del rango superior o inferior, etc.

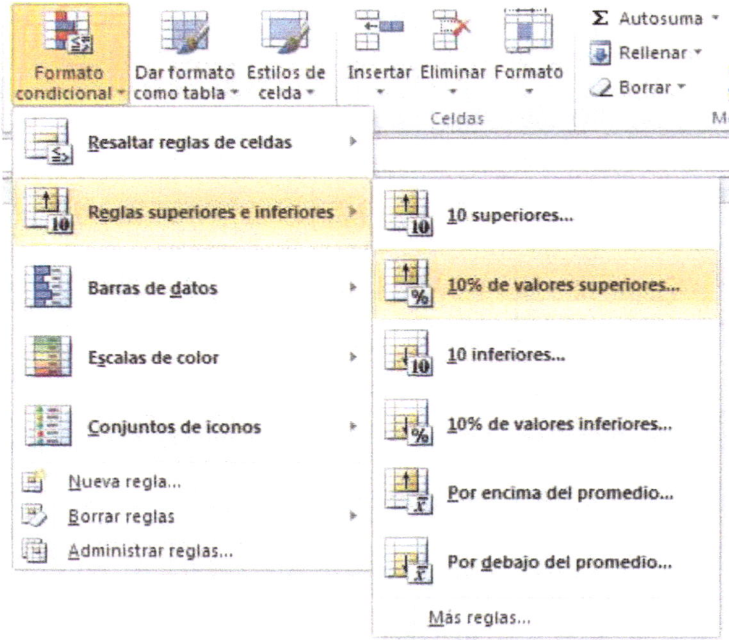

O simplemente por encima o por debajo del promedio.

En todos los desplegables aparece el botón **Más reglas,** donde podremos marcar condicionales no estándar, personalizados en base al trabajo de búsqueda que necesitemos.

También podremos crear nuestras reglas personalizadas, desde la opción **Nueva regla** del desplegable **Formato condicional.**

Con **Barras de datos** Excel inserta en todas las celdas una barra coloreada, que representa por su longitud la importancia del valor respecto a los del resto de la serie.

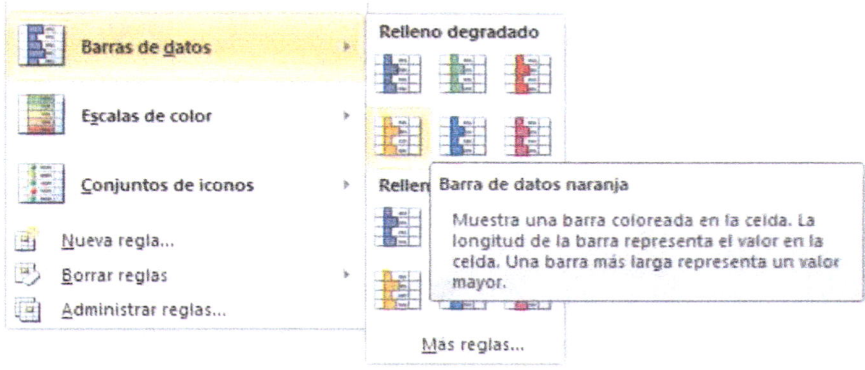

Mediante **Escalas de color** Excel agrega en cada celda una escala de colores con diferentes degradados que asignan a los valores más altos unos tonos y los más bajos otros de la misma tonalidad.

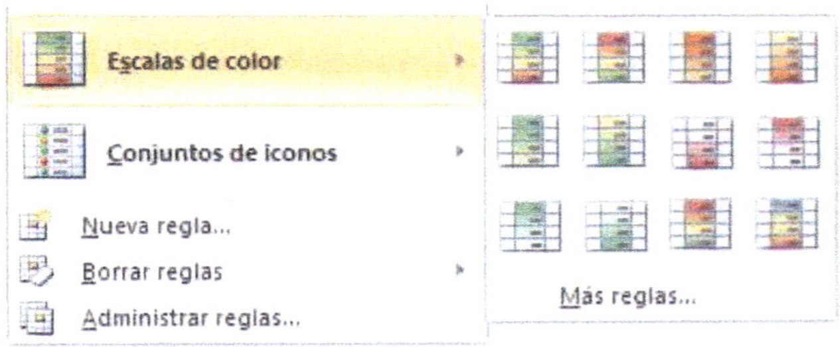

Con **Conjunto de iconos** se consigue un efecto igual pero añadiendo distintos símbolos que tratan de reflejar las celdas con valores más altos, intermedios o más bajos.

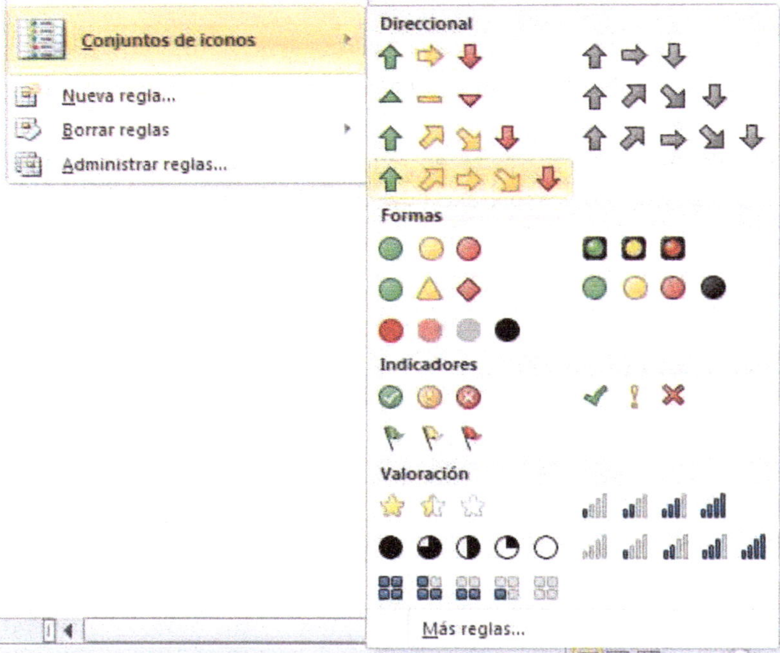

Podemos borrar todas las reglas creadas en el botón **Borrar reglas.**

1. Copie los datos de la siguiente imagen en una nueva hoja de cálculo:

	A	B	C	D	E	F
1	PRECIPITACIONES (l/m2) REGISTRADAS DEL 7 AL 10 DE MARZO DE 2011					
2	LOCALIDAD	07-mar	08-mar	09-mar	10-mar	TOTAL
3	LOS REALES DE ESTEPONA (MA)	0,5	12,0	58,1	23,7	94,3
4	LOMAS DE CAMARA (CA)	0,2	25,6	37,7	22,6	86,1
5	ALHAURÍN DE LA TORRE (MA)	0,2	8,2	42,9	30,2	81,5
6	SIERRA DE LUNA (CA)	1,1	35,7	38,6	6,9	82,3
7	PUJERRA (MA)	0,2	3,6	53,0	10,2	67,0
8	ISTÁN (MA)	0,2	3,1	78,4	23,8	105,5
9	CASARABONELA (MA)	0,0	2,2	37,5	14,1	53,8
10	COÍN (MA)	0,4	4,5	46,0	12,2	63,1

Asegúrese de que las celdas con fechas están en formato de Número Fecha y los registros numéricos en Formato Número.

Primero vamos a darle formato a la tabla. Debe combinar las 6 primeras columnas de la primera fila para que el título quepa en una sola celda.

A continuación aplique a las dos primeras filas un tamaño de fuente dos puntos mayor que el de resto de filas.

Aplique el efecto negrita a las dos primeras filas y a la primera columna.

Rellene en un tono gris claro las dos primeras filas.

El resto de las filas de la primera columna deberá rellenarlas con el siguiente criterio. Cada localidad tiene una abreviatura después (MA) y (CA), correspondientes a Málaga y Cádiz. Elija dos colores de relleno para cada una de las dos provincias y aplíquelos.

Por último, resalte los valores que estén por encima de 40 aplicando la herramienta Formato Condicional.

Guarde el archivo con el nombre Formato.

4. Autoformatos o estilos predefinidos

Excel nos ofrece unos formatos predefinidos de tablas que podemos aplicar a una parte de nuestra hoja de cálculo o a la hoja completa.

Para ello, aplicaremos la herramienta **Dar formato como tabla** que aparece en el grupo de herramientas **Estilos** de la pestaña **Inicio.**

Importante

Hasta ahora, habíamos formateado los datos para darle una apariencia igual a la tabla, pero con este comando los podemos convertir en un elemento tabla.

Al convertir un conjunto de datos en una tabla, podremos aprovechar una serie de herramientas específicas sobre la ordenación, la representación, los estilos o los formatos que no se pueden emplear de otra manera.

Para **convertir en tabla un conjunto de celdas,** seleccionaremos todo el conjunto, tanto los propios datos como las filas y columnas de cabecera que aportan la información sobre el contenido de las celdas.

Clicaremos en el botón **Dar formato como tabla** del grupo **Estilos** de la pestaña **Inicio,** Excel nos muestra un panel con diversos diseños de formato de tabla. Asignaremos uno, teniendo en cuenta que luego podemos realizar modificaciones personalizadas.

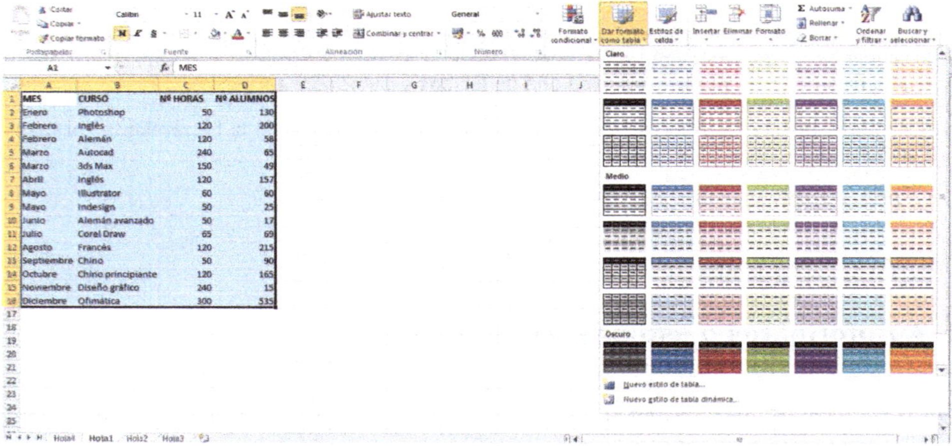

A continuación, el programa nos pedirá que asignemos **aquellas celdas que queremos convertir en tabla.**

Si teníamos las celdas seleccionadas, nos aparecerá dicho rango en este cuadro de diálogo; en caso contrario, clicaremos y arrastraremos con el ratón, desde el primer elemento en la esquina superior izquierda hasta el último, en la esquina inferior derecha.

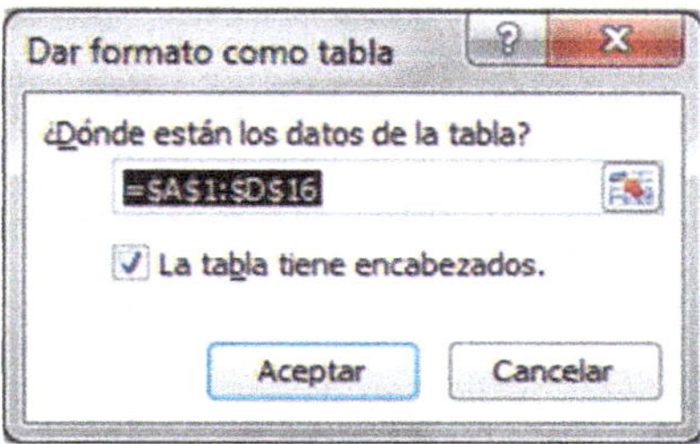

Automáticamente el rango de celdas se introduce en el campo **¿Dónde están los datos de la tabla?**

Activaremos **La Tabla tiene encabezados** si esta cuenta con filas o columnas de encabezados para ordenar la información.

En ese caso, si había algún dato numérico, Excel nos avisa de que los elementos de esas filas o columnas se convertirán en texto y perderán dicho formato.

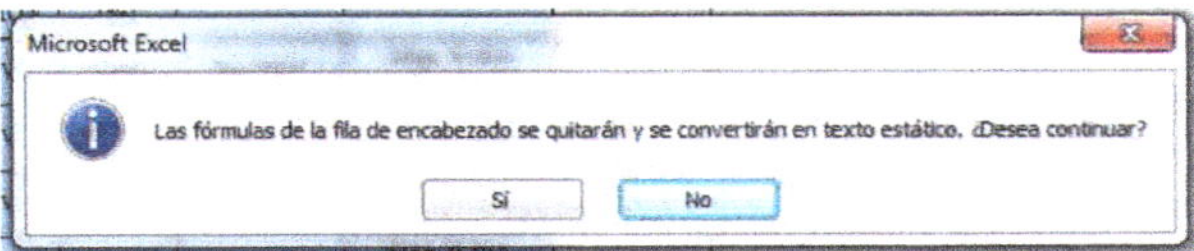

Con este último paso, la agrupación de celdas habrá pasado a ser propiamente una tabla. Vemos como algunas celdas adquieren el aspecto de botones desplegables, entre otras características.

	A	B	C	D
1	MES	CURSO	Nº HORAS	Nº ALUMNOS
2	Enero	Photoshop	50	130
3	Febrero	Inglés	120	200
4	Febrero	Alemán	120	58
5	Marzo	Autocad	240	65
6	Marzo	3ds Max	150	49
7	Abril	Inglés	120	157
8	Mayo	Illustrator	60	60
9	Mayo	Indesign	50	25
10	Junio	Alemán avanzado	50	17
11	Julio	Corel Draw	65	69
12	Agosto	Francés	120	215
13	Septiembre	Chino	50	90
14	Octubre	Chino principiante	120	165
15	Noviembre	Diseño gráfico	240	15
16	Diciembre	Ofimática	300	535

5. Inserción y eliminación

En los siguientes epígrafes conoceremos las herramientas del grupo **Celdas** de la pestaña **Inicio.** Con ellas podremos insertar y eliminar celdas, filas, columnas y hojas de cálculo.

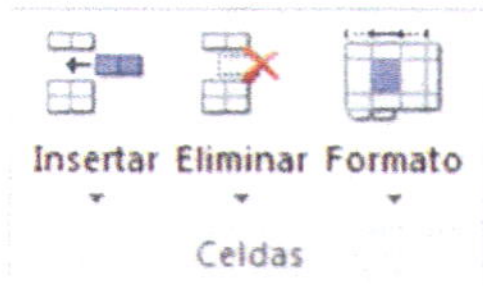

5.1. Celdas

Para insertar celdas en la hoja de cálculo, **seleccionaremos previamente el grupo de celdas sobre el que vamos a añadir las nuevas.**

Clicaremos en el botón **Insertar** del grupo **Celdas** de la pestaña **Inicio.** En el desplegable elegiremos **Insertar celdas.**

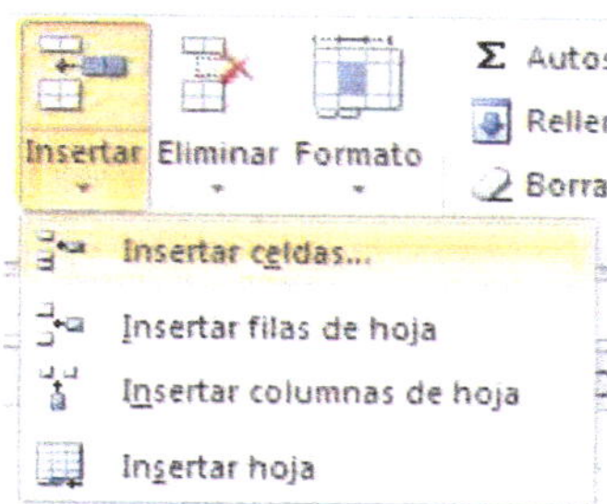

Aparecerá el cuadro de diálogo **Insertar celdas,** que nos permite añadir un conjunto de celdas dentro de la hoja de cálculo.

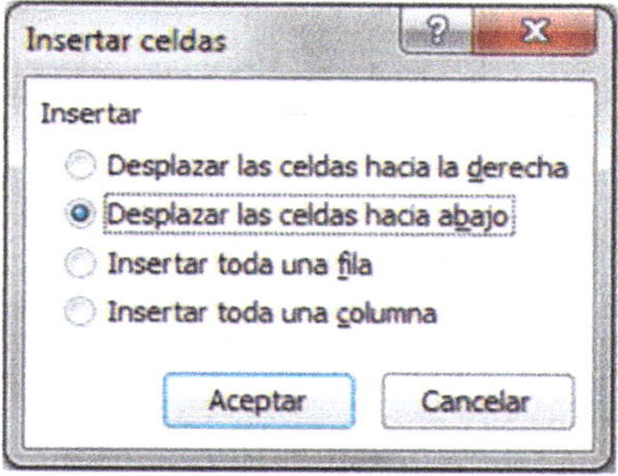

Decidiremos si queremos **desplazar las celdas hacia la derecha o hacia abajo** de la selección y clicamos en **Aceptar.**

Veremos este proceso más claramente con un ejemplo.

Imaginemos que tenemos una hoja de cálculo con los datos de la imagen siguiente.

Comprobaremos cómo quedará nuestra hoja de cálculo después de insertar una celda, según la opción elegida en el cuadro de diálogo estudiado.

En primer lugar, nos situamos en la celda que utilizaremos como referencia. En este caso la B3.

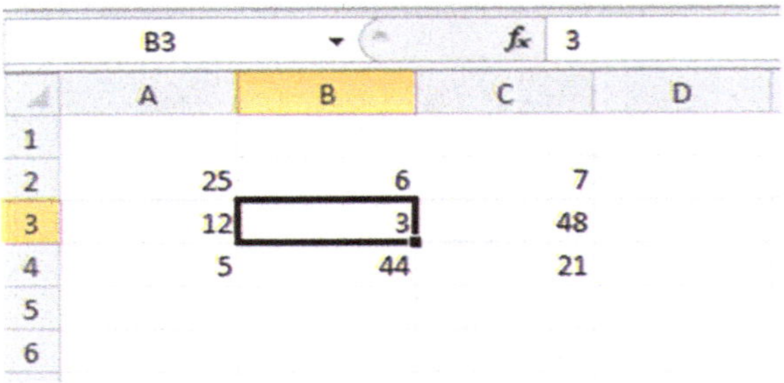

Clicamos en Insertar celdas, y elegimos en el cuadro de diálogo, la opción de desplazar las celdas hacia la derecha. El resultado será el siguiente:

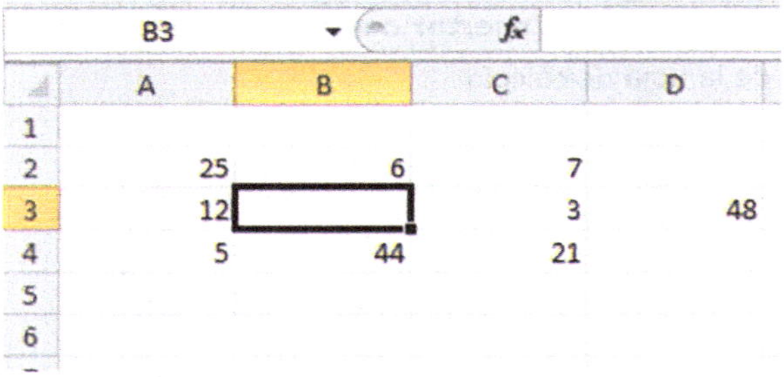

Sin embargo, en el caso de que seleccionemos la opción de desplazar las celdas hacia abajo, el resultado será el siguiente:

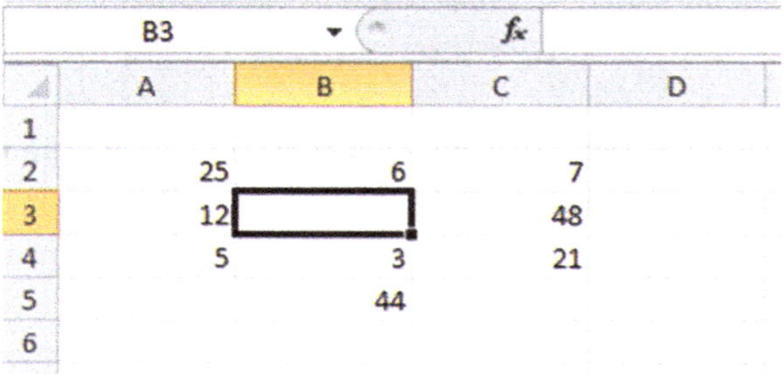

Para **eliminar celdas,** procederemos manera similar.

En primer lugar seleccionaremos las celdas a eliminar y clicaremos en el botón **Eliminar** del grupo **Celdas** de la pestaña **Inicio.** En el desplegable elegiremos **Eliminar celdas.**

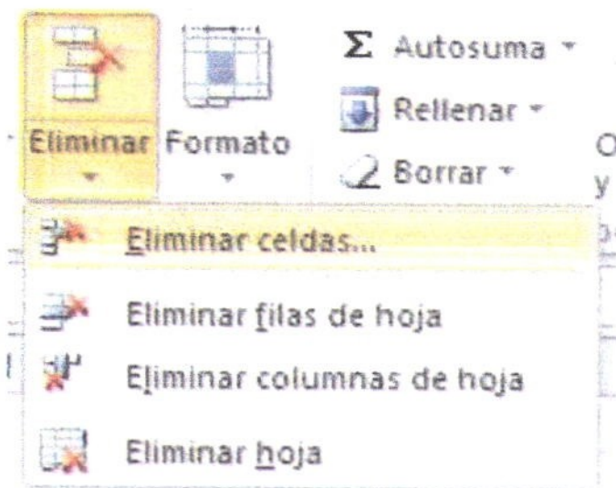

En el cuadro de diálogo **Eliminar celdas** tenemos la opción de elegir si queremos desplazar las celdas hacia la izquierda o hacia arriba.

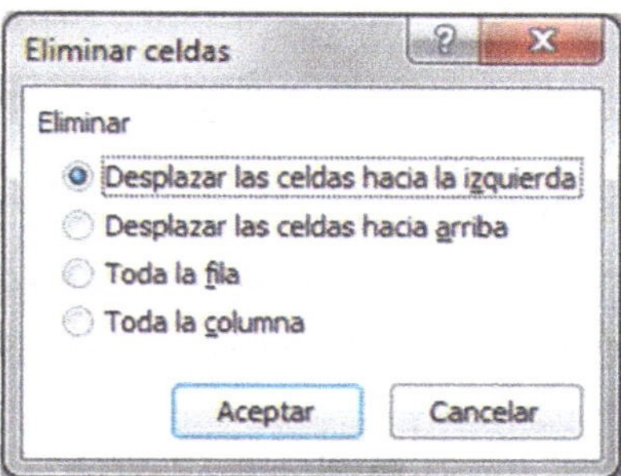

Seleccionamos la opción que más nos interese y clicamos en **Aceptar.**

1. Con las herramientas explicadas anteriormente, realice los pasos necesarios para transformar la primera tabla en la segunda.

◢	A	B	C	D	E
1					
2	25	6	7	2	
3	12	3	48	54	
4	5	44	21	16	
5	78	54	11	84	
6	55	15	36	105	
7					

◢	A	B	C	D	E
1					
2	25	6	7	2	
3	12	54	11	54	
4	5	15	36	16	
5	78			84	
6	55			105	
7					

5.2. Filas

Para insertar una fila, seleccionaremos la fila sobre la que vamos a añadir la nueva y procederemos de manera similar a la utilizada para insertar celdas.

En este caso, clicaremos elegiremos la opción **Insertar filas de hoja,** del botón desplegable **Insertar** del grupo **Celdas** de la pestaña **Inicio.**

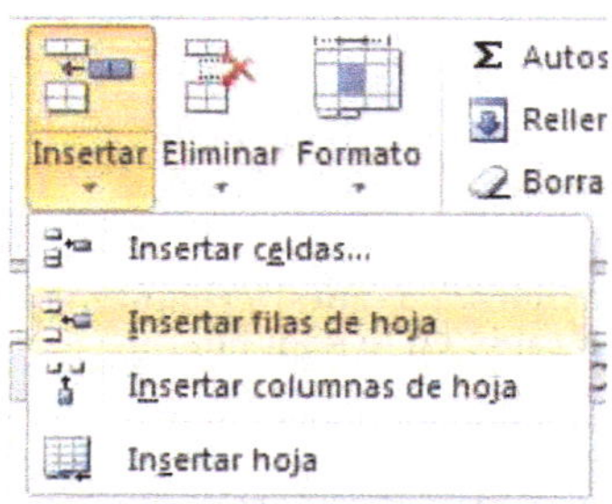

Inmediatamente aparecerá una nueva fila encima de la seleccionada, desplazándose el resto hacia abajo.

El proceso de eliminación es similar al de inserción de filas. **Seleccionamos la fila o filas a eliminar** y en el botón desplegable **Eliminar** elegimos **Eliminar filas de hoja.**

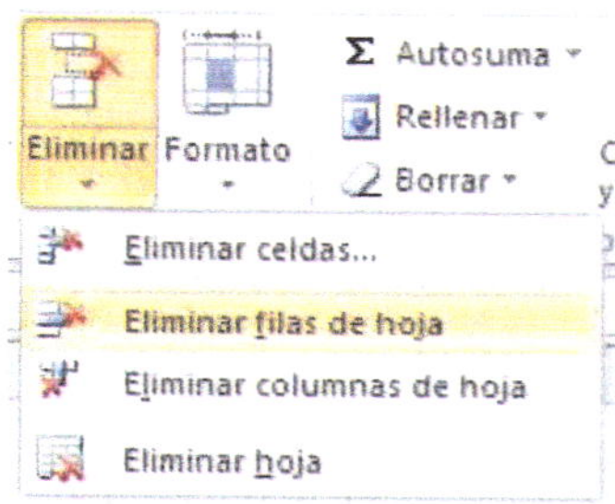

5.3. Columnas

Para insertar o eliminar una columna, seguiremos el mismo proceso explicado para las filas, pero eligiendo en este caso las opciones **Insertar columnas de hoja** y **Eliminar columnas de hoja,** respectivamente.

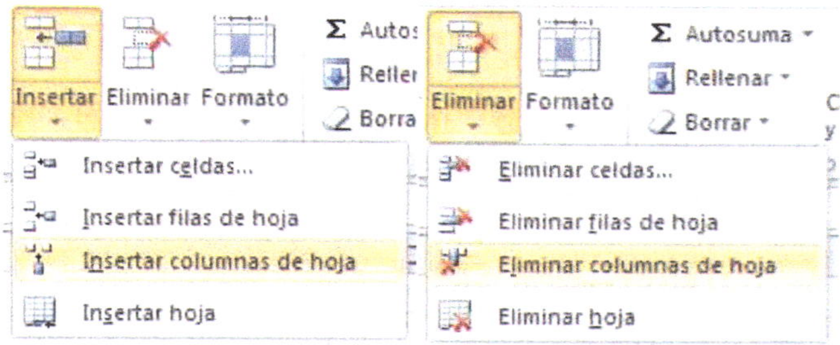

En el caso de las columnas, se insertarán a la izquierda de la columna seleccionada.

5.4. Hojas de cálculo

Ya hemos visto que los libros de Excel están compuestos, por defecto, por tres hojas de cálculo.

Podremos insertar las que necesitemos desde el mismo botón **Insertar** del grupo **Celdas** de la pestaña **Inicio.**

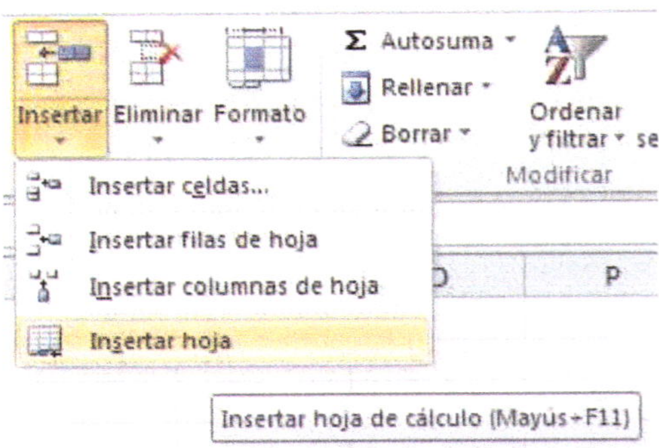

La última opción de este botón desplegable, **Insertar hoja,** nos permite añadir una hoja en el libro de trabajo que tenemos abierto. Excel la crea a la derecha de la posición de la que está activa en ese momento.

Como vemos en la imagen anterior, también podemos utilizar el atajo de teclado **Mayús+F11** para insertar una nueva hoja.

Para eliminar una hoja, elegiremos la opción **Eliminar hoja** del botón **Eliminar** del grupo **Celdas** de la pestaña **Inicio.**

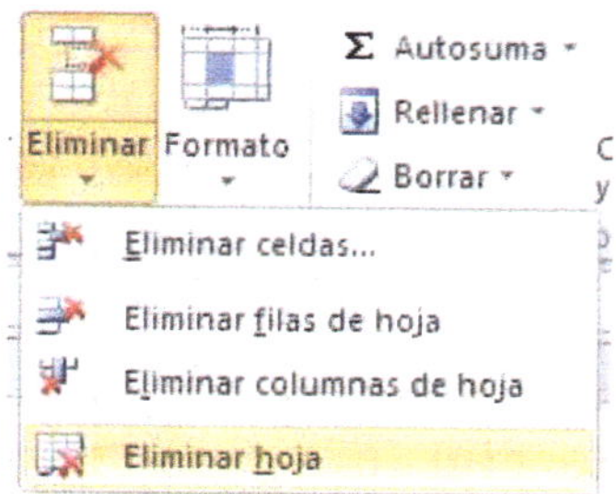

Otra opción para eliminar una hoja de cálculo es hacer **clic con el botón secundario del ratón sobre el nombre** de la misma.

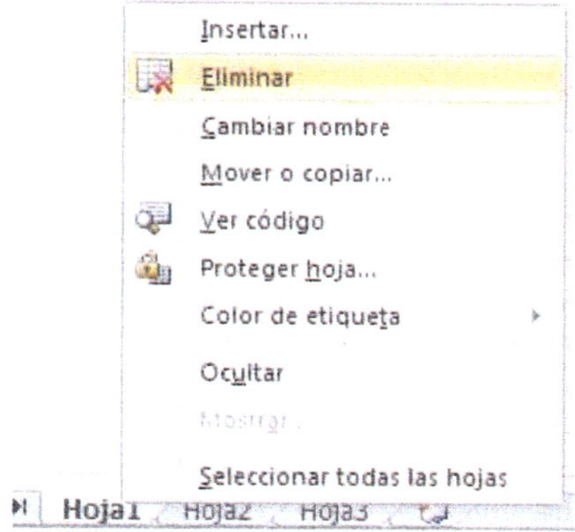

En el menú contextual elegiremos **Eliminar.**

6. Copiado o reubicación de...

En los siguientes epígrafes explicaremos las tareas de edición de celdas y hojas de cálculo: copiar, mover y pegar.

6.1. Celdas o rangos de celdas

Con las operaciones de selección aprendidas anteriormente ya estamos en condiciones de realizar las tareas de edición de celdas: copiar, mover y pegar.

Para **copiar,** una vez seleccionada la celda o el rango de celdas que nos interese, utilizaremos el atajo de teclado **CTRL+C.**

Otra opción, más lenta, es clicar en el botón **Copiar** del grupo de herramientas **Portapapeles** de la pestaña **Inicio** de la cinta de opciones.

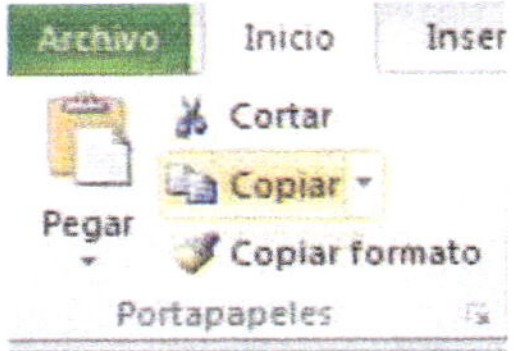

La selección pasará ahora a estar marcada por una línea punteada.

Una vez que los datos están en el portapapeles de la hoja de cálculo, podemos pegarlos en cualquier parte de la hoja abierta, de las restantes hojas del libro o incluso de cualquier otro libro que tuviéramos abierto. Es más, podríamos pasar los datos a un editor de texto, como por ejemplo Word.

Una última opción para copiar una selección es **clicar con el botón derecho del ratón** sobre ella. Aparecerá el menú contextual, donde se seleccionará igualmente Copiar.

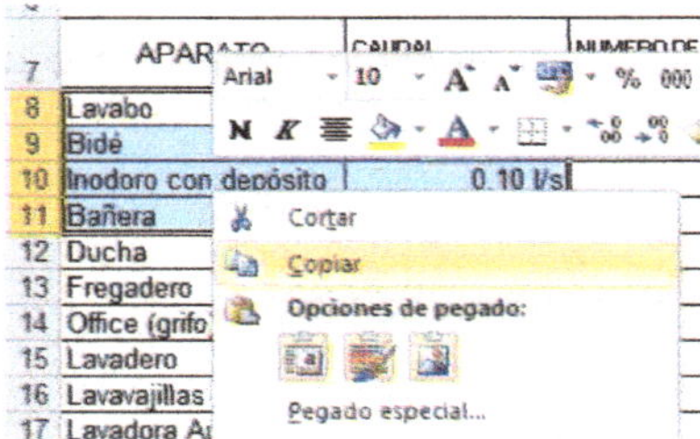

Para **pegar** el contenido de nuestra selección bastará con elegir la celda destino y teclear **CTRL+V.**

De igual manera que en copiar, podemos activar el menú contextual y seleccionar **Pegar.**

Otra opción es clicar en el botón **Pegar** de la pestaña **Inicio.**

Pegar

Si en la zona de destino hubiera otros datos, estos se machacarán, como se muestra en el siguiente ejemplo:

Puesto que hemos podido seleccionar distintas celdas, al realizar la acción pegar Excel extiende de forma automática el contenido a partir de la celda destino, respetando la misma disposición que tenía en el origen.

Podríamos haber elegido celdas no contiguas en el origen y al pegarse, aunque seguirán guardando la misma relación de orden, Excel suprime las celdas que pudiera haber por medio, sin seleccionar en el origen:

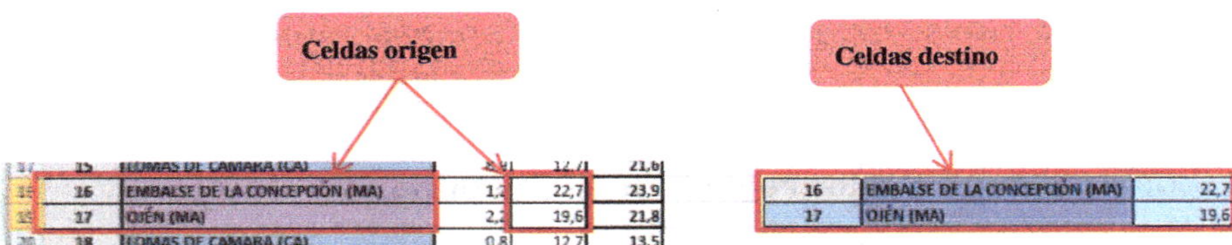

¿Sabía que...?

El **portapapeles de Excel** es capaz de contener hasta 24 copias almacenadas. Podemos acceder al listado clicando en el pequeño botón de la esquina inferior derecha de Pegar:

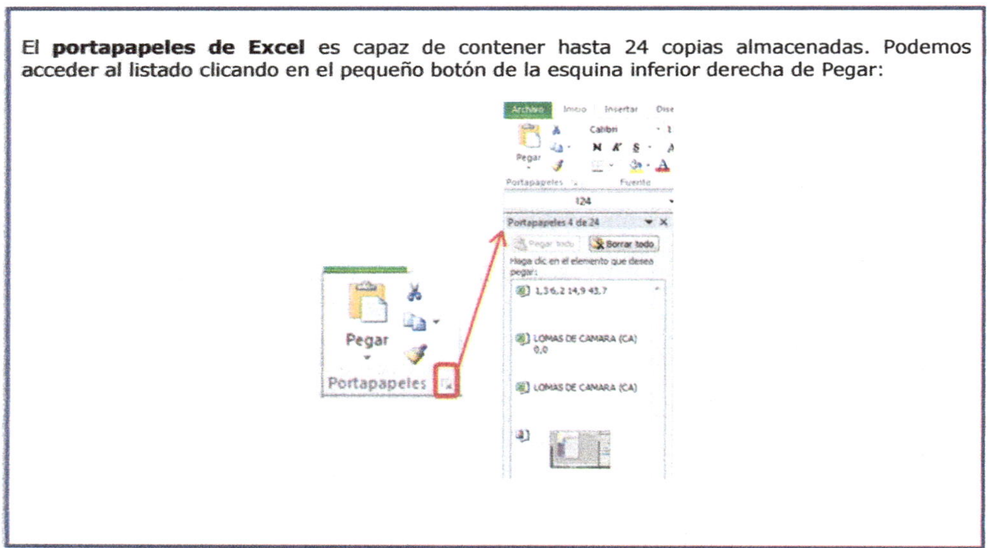

Por defecto, el pegado que hace Excel es el tipo Mantener el formato de origen, de forma que el programa mantiene intacta la información origen, tanto el formato de celda, como en el contenido (fórmulas, constantes y variables que pudiera albergar la celda).

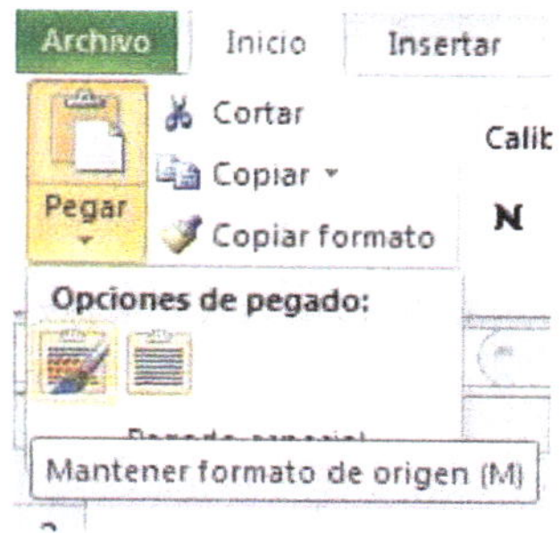

> ## Definición
>
> Cuando nos referimos a **formato,** se entiende por todas las opciones disponibles en el cuadro de diálogo **Formato Celdas,** el cual permite configurar los formatos de Número, Alineación, Fuente, Bordes, Relleno y Proteger de cada celda.

Si **clicamos en la parte inferior del botón Pegar,** donde aparece la propia palabra 'pegar' se despliega un panel con **distintos modos de pegado:**

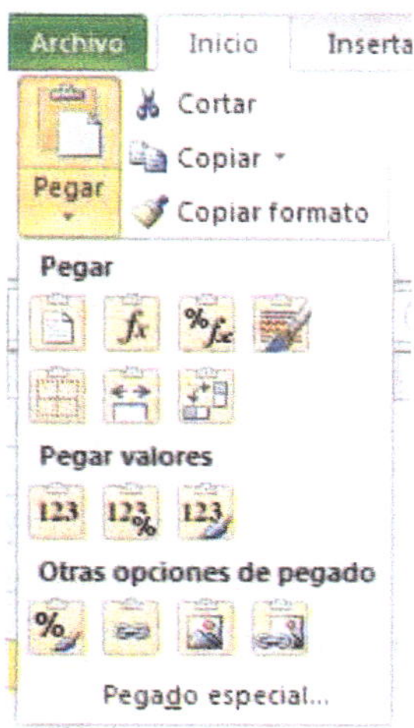

Puede ocurrir que nos interese copiar el valor de una celda sin llevarnos en el duplicado la fórmula que, insertada en esa celda, devuelve dicho valor. O bien puede que deseemos copiar la fórmula que genera el resultado, pero no a este.

A través del anterior panel, **pasando el ratón por los distintos modos de pegado,** aparecerá una descripción de cada tipo de pegado, al mismo tiempo que observaremos una **vista previa** del mismo en la hoja de cálculo.

Elegiremos la opción que más nos interese.

También podemos acceder a elegir todas estas opciones clicando abajo del desplegable, en **Pegado especial.** Aparecerá entonces este cuadro de diálogo:

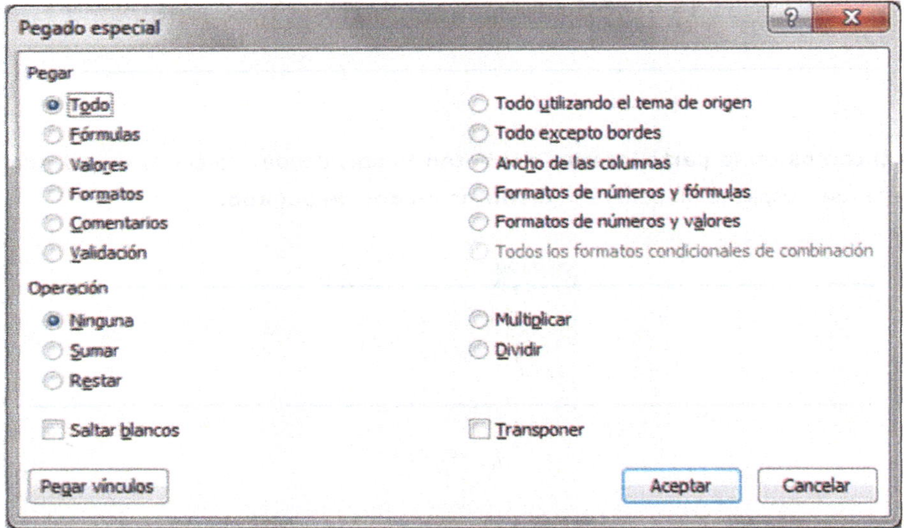

La siguiente tarea de edición que vamos a aprender es **mover.** Se trata de cortar las celdas de origen para reubicarlas en otra zona de la hoja destino. La única diferencia con copiar es que suprime el contenido y formato de las celdas primeras.

La metodología es la misma. Seleccionamos las celdas a mover, cortamos estas y las pegamos en el destino.

El comando mover, o cortar, se puede activar mediante la combinación de teclado **CTRL+X** o bien en Inicio haciendo clic en el botón **Cortar.**

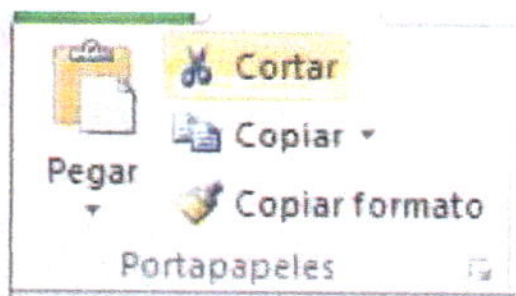

Posteriormente pegaremos mediante alguno de los procedimientos vistos antes.

Para realizar el procedimiento de **cortar-pegar con la ayuda exclusiva del ratón**, una vez hecha la selección esperaremos a visualizar el puntero con la siguiente forma:

Es decir, una flecha blanca apuntando hacia la izquierda y arriba junto a una cruz de cuatro puntas. Arrastraremos el ratón hasta donde queramos pegar la selección. Al soltar comprobaremos cómo se han pegado los datos.

6.2. Hojas de cálculo

Para copiar o mover una hoja de cálculo, clicaremos con el botón secundario del ratón sobre su nombre. En el menú contextual elegiremos **Mover o copiar.**

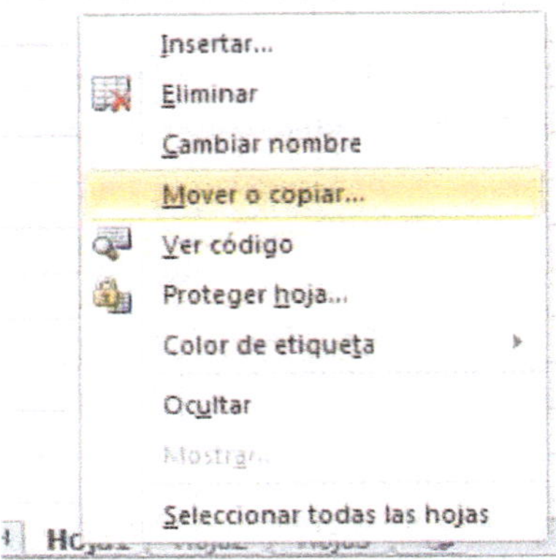

Aparecerá el cuadro de diálogo **Mover o copiar,** donde elegiremos el libro al que queremos copiar o mover la hoja, así como la hoja a copiar o mover.

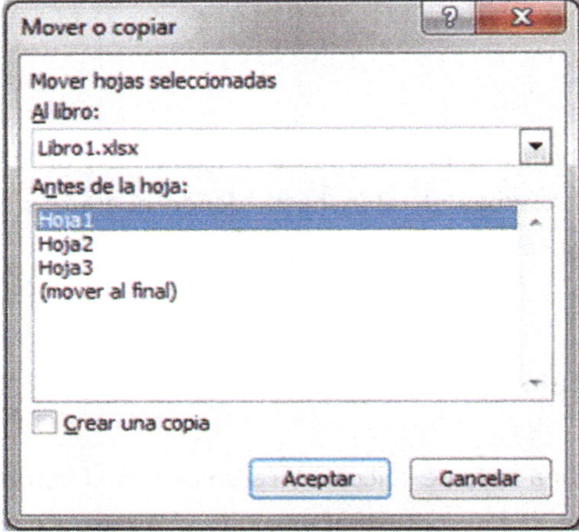

La nueva hoja se creará antes de la hoja seleccionada, a menos que elijamos (mover al final).

Para realizar una copia, tendremos que activar la opción **Crear una copia** antes de clicar en **Aceptar.**

Si no, simplemente se moverá la hoja a una nueva posición.

En el caso de que queramos **mover la hoja dentro del mismo libro,** podemos clicar directamente con el botón principal del ratón sobre su nombre y, sin soltarlo, arrastrarla hasta su nueva ubicación.

Para copiar la hoja dentro del mismo libro, procederemos de la misma manera pero manteniendo pulsada la tecla **Ctrl mientras la arrastramos.**

7. Operaciones con rangos

Definición

Un **rango** es un conjunto de celdas adyacentes que se puede seleccionar para realizar una operación con ellas. También podremos usarlo para aplicarles un mismo formato a todas las celdas que conforman el rango.

7.1. Relleno rápido

Excel nos permite rellenar celdas de forma automática.

Para utilizar el **Relleno automático,** seleccionaremos las celdas que nos interesen y nos situaremos al borde de la selección observando como el cursor pasará a adoptar la siguiente forma:

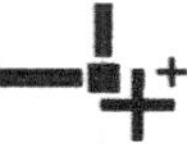

Ese punto es el controlador de relleno que arrastraremos hasta la celda que queramos rellenar.

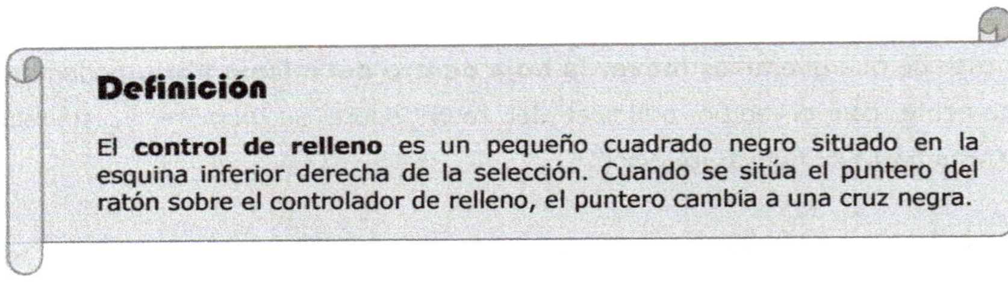

Definición

El **control de relleno** es un pequeño cuadrado negro situado en la esquina inferior derecha de la selección. Cuando se sitúa el puntero del ratón sobre el controlador de relleno, el puntero cambia a una cruz negra.

Al soltar el ratón, aparecerá el botón de **Opciones de autorrelleno,** que es el pequeño icono que visualizamos en la esquina inferior derecha de la selección:

Desde aquí elegiremos la manera en la que se rellenará la selección.

Desplegando el botón aparecerá este pequeño cuadro:

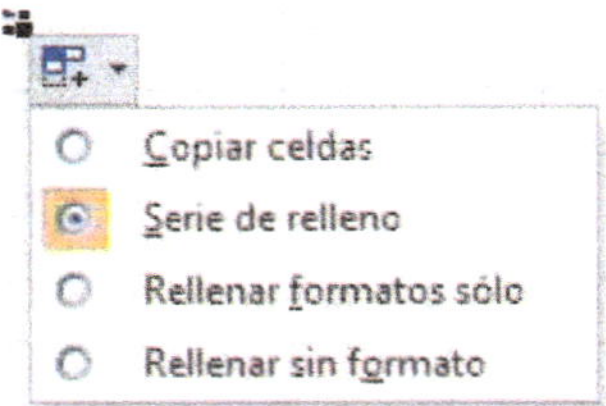

Las opciones que nos ofrece son las siguientes:

- **Copiar celdas:** pegará los datos seleccionados en modo Mantener formato de origen.
- **Serie de relleno:** pegará los datos, cambiándolos para que formen una serie.
- **Rellenar formatos sólo:** pegará en las celdas destino, el formato original de fuente, alineación, número, etc., sin pegar el contenido de la celda origen.
- **Rellenar sin formato:** pegará el contenido de la celda origen, sin aplicar su formato.

Ejemplo

Imaginemos que tenemos la siguiente selección:

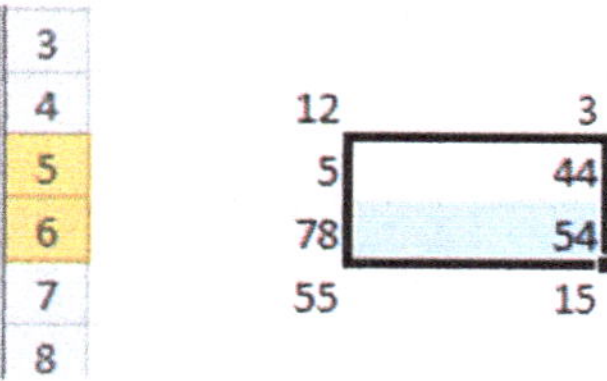

Vamos a rellenar las celdas de la derecha de la selección con la función autorrelleno. Si dejamos la opción **Copiar celdas,** el resultado será el siguiente:

Veamos cómo cambia el resultado eligiendo **Serie de relleno:**

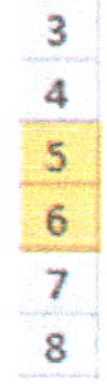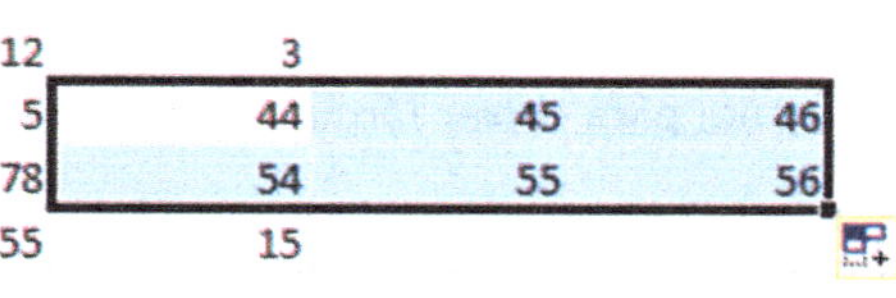

> ## Importante
>
> Cuando Excel detecta que estamos escribiendo una serie de números, días, meses, fechas, etc., aplicará por defecto la opción **Serie de relleno:**
>
> 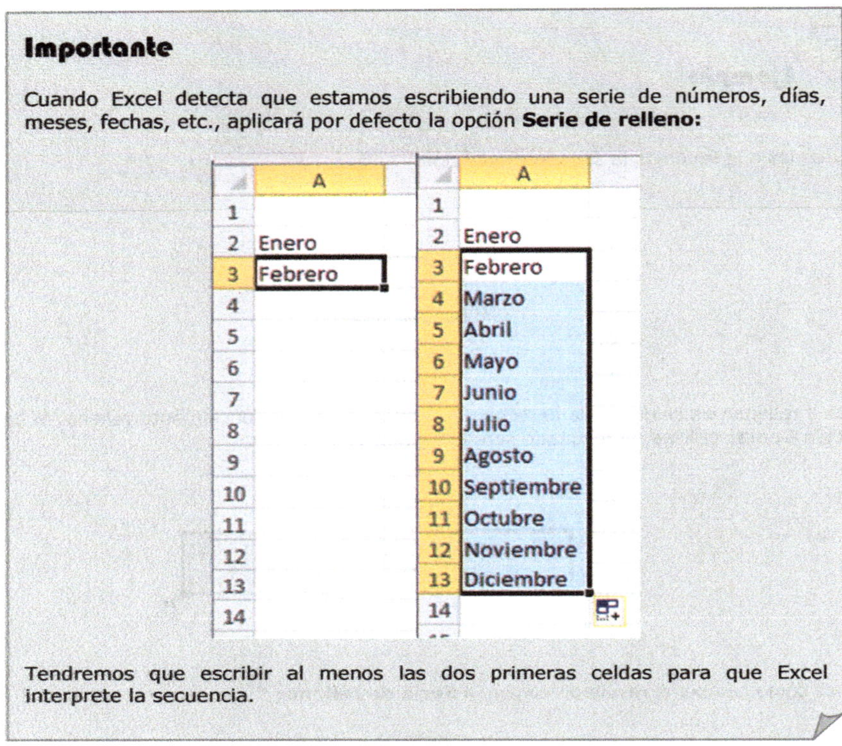
>
> Tendremos que escribir al menos las dos primeras celdas para que Excel interprete la secuencia.

El autorrelleno es muy útil para copiar fórmulas.

Es muy común escribir una fórmula que opere con las celdas anteriores y que tengamos que repetirla a lo largo de varios registros.

El proceso es muy sencillo: escribiremos la fórmula una vez y arrastraremos el controlador de relleno a las celdas adyacentes que en las que la queramos copiar.

Ejemplo

Supongamos que tenemos un listado de productos con su precio sin IVA. En la columna C, debemos calcular el precio final de cada producto.

Sin la opción de autorrelleno, tendríamos que escribir la fórmula tantas veces como productos tengamos.

Veamos cómo se simplifica este proceso.

Escribimos la fórmula en la celda C2:

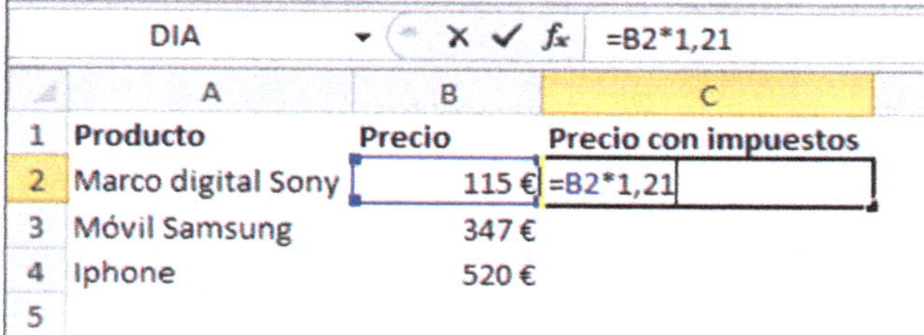

Pulsamos la tecla Intro:

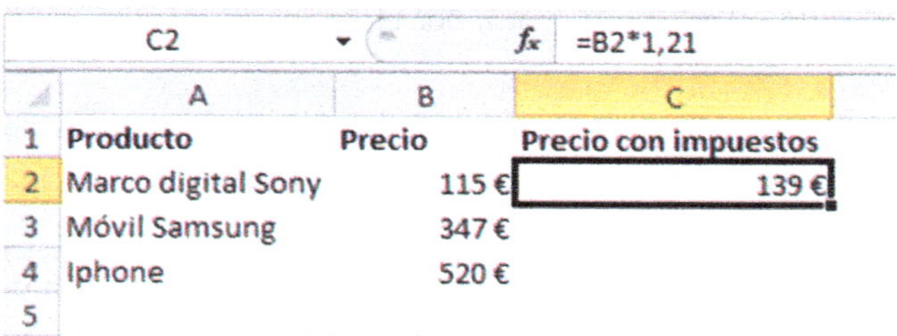

Clicamos y arrastramos el controlador de relleno hasta la celda C4:

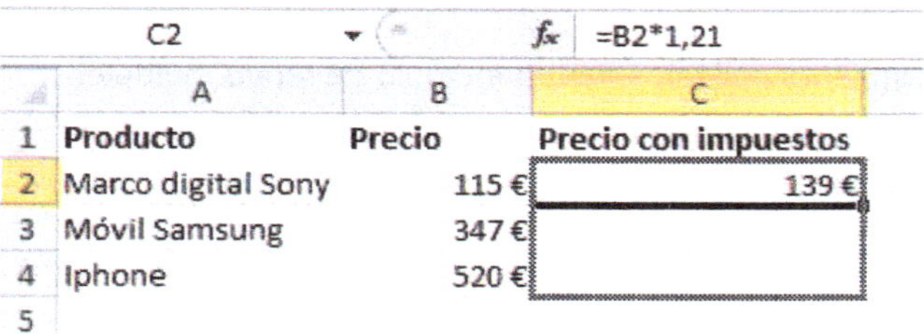

El resultado aparece automáticamente. Si nos situamos en la celda C3 veremos cómo la fórmula es la correcta.

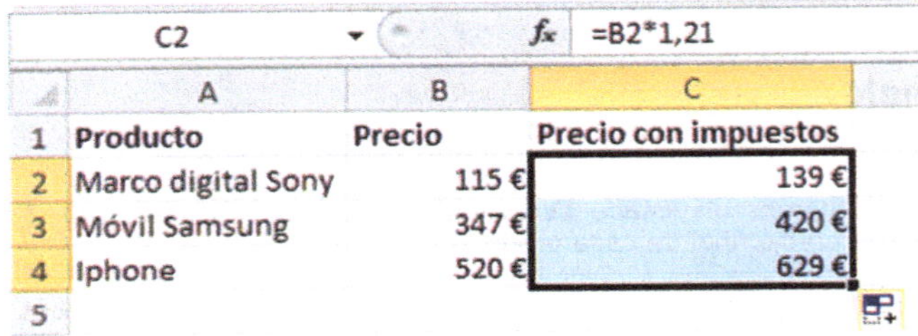

7.2. Selección de varios rangos

Veremos cómo seleccionar celdas no adyacentes.

Rango múltiple

Es muy frecuente que necesitemos seleccionar celdas o rangos de celdas que estén juntos, para aplicarles el mismo formato, por ejemplo.

Cuando tenemos seleccionado un rango de celdas e intentamos seleccionar otro, comprobaremos cómo desaparecerá la primera selección.

Para seleccionar celdas no contiguas, o bien, realizada una selección de rango, de fila o de columna añadir a estas, nuevas selecciones, clicaremos la tecla CTRL para ir añadiendo celdas a la selección.

En la imagen siguiente podemos ver un ejemplo de rango múltiple.

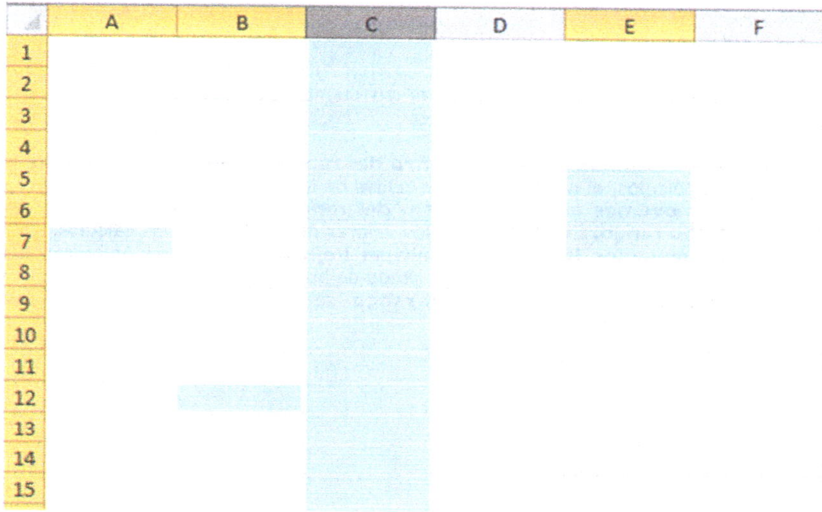

Podremos seguir añadiendo tantas celdas como nos haga falta a la selección, volviendo a pulsar la tecla CTRL mientras las seleccionamos.

Rango tridimensional

Existe un tipo de referencia, llamada **Referencia 3D,** que se utiliza cuando queremos hacer referencia a una celda o rango de celdas perteneciente a varias hojas de un libro. Es decir, podemos hacer referencia al rango de celdas A1:B5 de las hojas Hoja2, Hoja3 y Hoja4, por ejemplo.

Para ello, indicaremos en primer lugar el rango de hojas, separadas con dos puntos, el signo ! y la celda o el rango de celdas. En el ejemplo anterior quedaría como Hoja2:Hoja4! A1:B5.

Importante

En las **referencias 3D** hay que tener en cuenta qué ocurrirá si insertamos, movemos o eliminamos hojas del rango:

- **Si insertamos una hoja dentro del rango de hojas,** Excel añadirá a los cálculos, el mismo rango de celdas de la nueva hoja.
- **Si movemos una hoja dentro del rango a una posición fuera de dicho rango,** Excel eliminará los valores de esa hoja de los cálculos.
- **Si movemos la primera o última hoja del rango,** se ajustarán los cálculos para abarcar el nuevo rango de hojas.
- **Si eliminamos una hoja del rango,** se eliminarán de los cálculos, los valores de la hoja eliminada.

7.3. Nombres de rangos

Excel 2010 nos permite dar un nombre a una celda o a un rango de celdas, y así utilizarlo en las fórmulas en lugar de las referencias antes vistas.

De este modo el trabajo con fórmulas puede ser más sencillo, reconociendo fácilmente qué está haciendo la fórmula.

Para ello, nos situaremos en la celda o rango de celdas que queremos cambiar de nombre, iremos al grupo **Nombres definidos,** de la pestaña **Fórmulas,** y clicaremos en el botón **Administrador de nombres.**

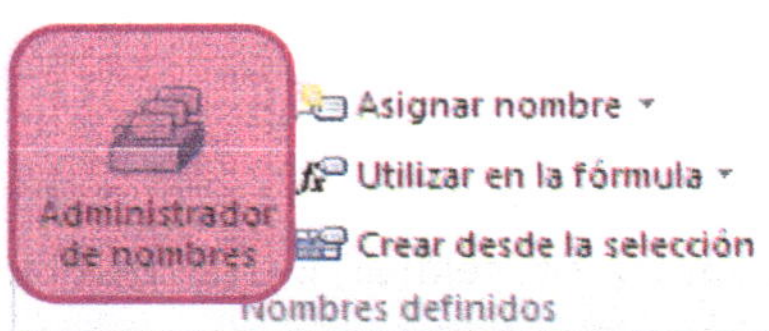

Aparecerá entonces el cuadro de diálogo **Administrador de nombres:**

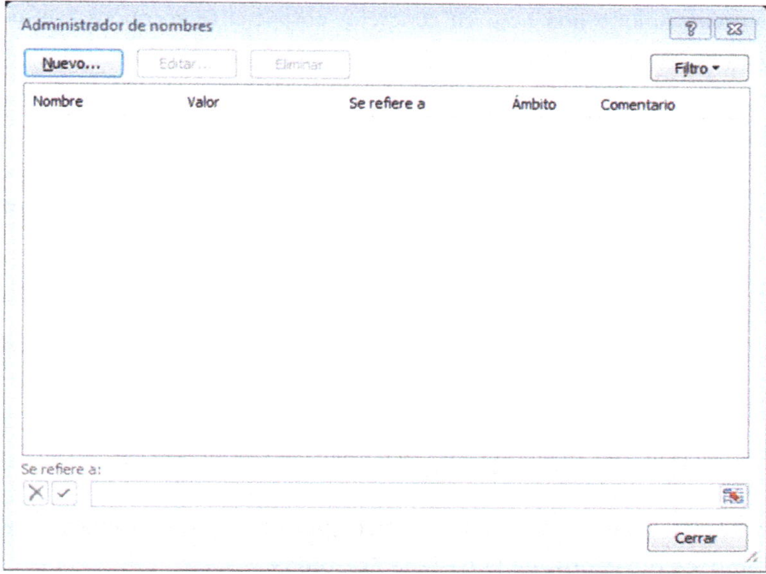

Pincharemos en el botón **Nuevo** para crear un nuevo nombre.

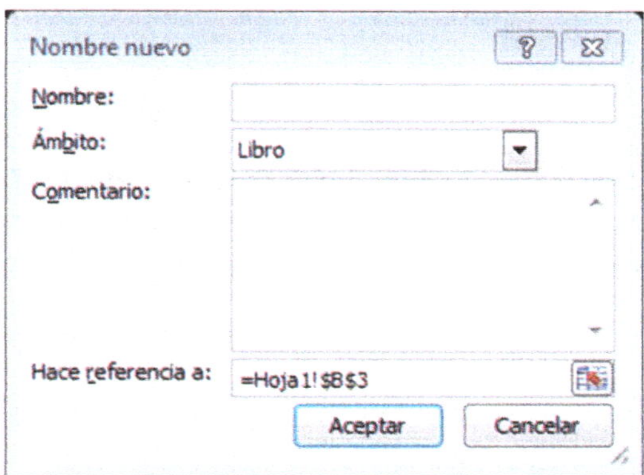

En el campo **Nombre** de este nuevo cuadro de diálogo escribiremos el nombre que queramos dar a la celda.

El campo **Ámbito** se utiliza para definir dónde se reconocerá dicho nombre. Si dejamos Libro, el nuevo nombre se reconocerá en todas las hojas de nuestro libro. Si ponemos como Ámbito una hoja en concreto, entonces se reconocerá el nombre en dicha hoja y no en las demás.

Un nombre tiene que ser único dentro de su ámbito.

Podemos escribir algún tipo de comentario sobre el nombre en el campo **Comentario.**

En el campo **Hace referencia a** aparecerá la referencia de la celda que vamos a cambiar de nombre.

En el caso de que queramos dar nombre a una celda distinta de la celda activa, la seleccionaremos directamente con el ratón, pinchando en el botón 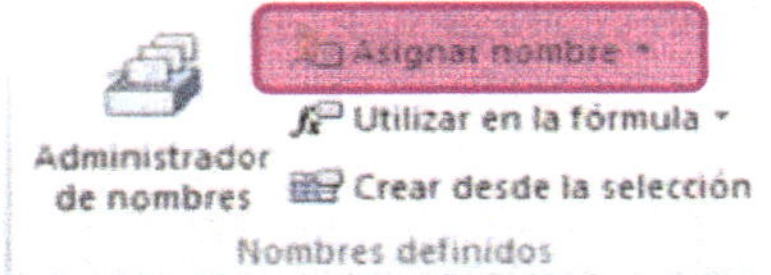 .

Podemos llegar a este mismo cuadro de diálogo desde el botón **Asignar nombre** del grupo **Nombres definidos,** de la pestaña **Fórmulas.**

Una vez que hayamos creado el nombre, pinchamos en **Aceptar,** volviendo al cuadro de diálogo Administrador de nombres, donde veremos la lista de todos los nombres creados y la celda o celdas a las que hacen referencia.

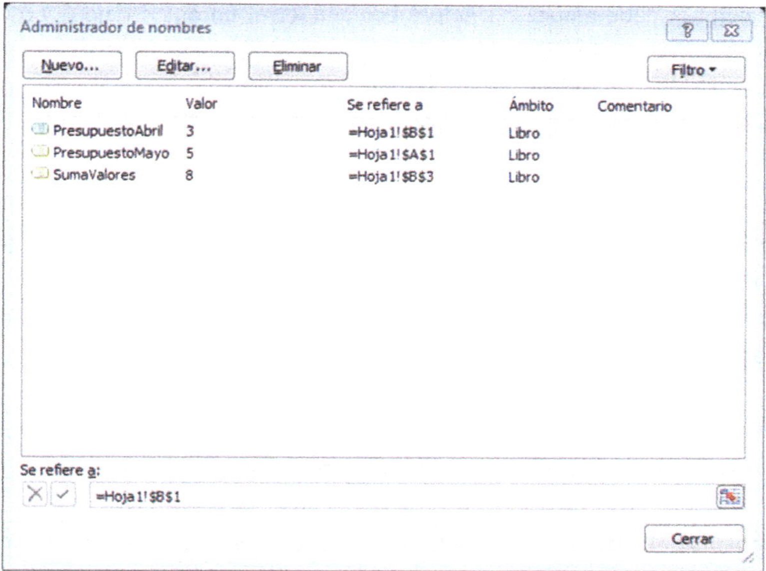

Desde aquí podremos **editar o eliminar** los nombres de la lista.

Otra manera, quizás más rápida, de dar nombre a una celda es situarse en la celda o grupo de celdas y escribir el nombre deseado en el **cuadro de nombres.**

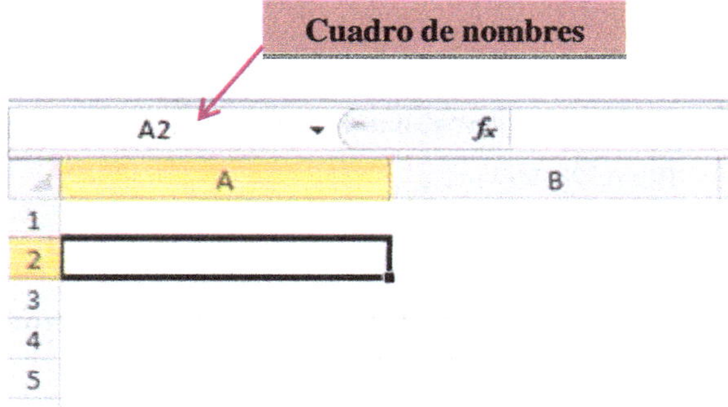

Vamos a ver las **reglas que nos pone Excel a la hora de crear nombres:**

> ➢ Un nombre debe empezar siempre por una letra, un guion bajo (_) o una barra invertida (\).
> ➢ **No se permite la utilización de espacios.** Si queremos separar palabras, lo más normal es usar un guion bajo o un punto.
> ➢ La longitud máxima de un nombre es de 255 caracteres.
> ➢ No se pueden escribir nombres que sean iguales a una referencia de celda.
> ➢ Excel no distingue entre mayúsculas y minúsculas, por lo que, aunque puede usarlas, no puede crear dos nombres distintos poniendo uno de ellos en mayúscula. Por ejemplo, Ventas enero y Ventas ENERO se considerarán como el mismo nombre y no será válido.

Otra manera de nombrar celdas es a partir de los encabezados de fila o de columna de un rango de celdas. A continuación veremos cómo.

En la imagen siguiente vemos una información sobre unos cursos, está clasificada por curso y para cada uno, sus estadísticas.

	A	B	C	D
1				
2		Alumnos	Aprobados	Suspensos
3	PowerPoint	12	12	0
4	Word	14	13	1
5	Curso Excel	23	20	3
6				

Excel nos permite **convertir los encabezados o títulos en nombres** para así poder usarlos posteriormente en fórmulas.

Para ello, seleccionaremos todas las celdas, incluyendo los encabezados de filas o columnas, iremos a la pestaña **Fórmulas,** y en el grupo **Nombres definidos** clicaremos en el botón **Crear desde la selección.**

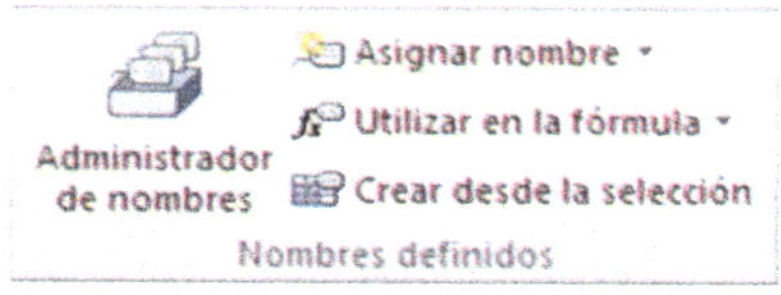

Se abrirá entonces un cuadro de diálogo donde definiremos dónde están los encabezados o títulos a partir de los cuales queremos obtener los nombres.

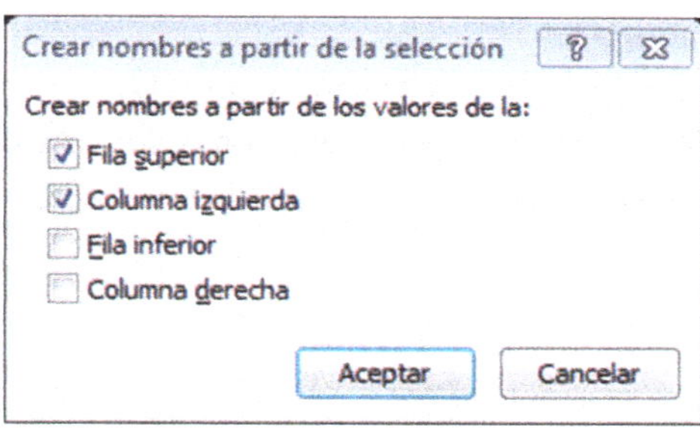

Aceptamos el cuadro de diálogo y podemos comprobar que se han creado los nombres, abriendo el cuadro de diálogo **Administrador de nombres.**

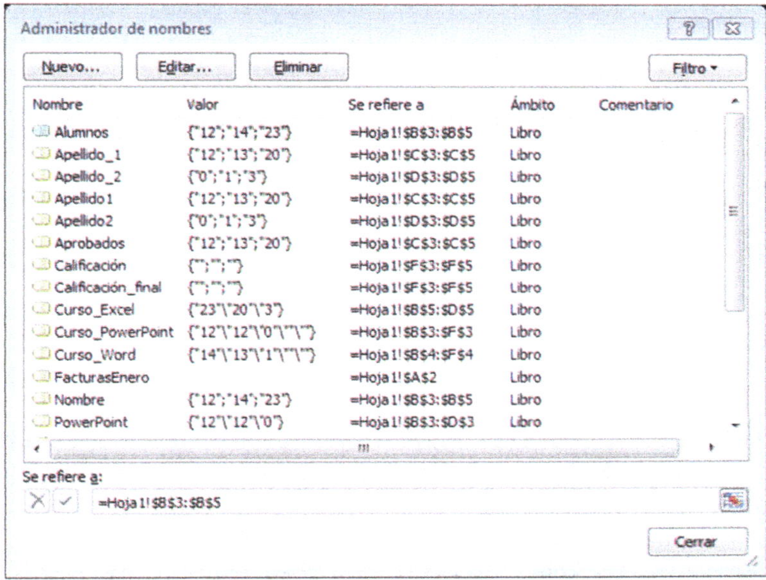

Una vez creados los nombres podremos utilizarlos en una fórmula. Por ejemplo, podemos poner =SUMA (Aprobados) y dará como resultado el total de los alumnos aprobados.

Si queremos hacer referencia a una celda en concreto, escribiremos su nombre de columna y el de fila. Igual que escribíamos =B3, en este caso podríamos poner =Alumnos PowerPoint (separados por un espacio)

Excel 2010 nos ofrece también la posibilidad de introducir un nombre en una fórmula sin escribirlo. Para ello pincharemos en el botón desplegable **Utilizar en la fórmula** del grupo **Nombres definidos,** de la pestaña **Fórmulas,** y seleccionaremos el nombre deseado.

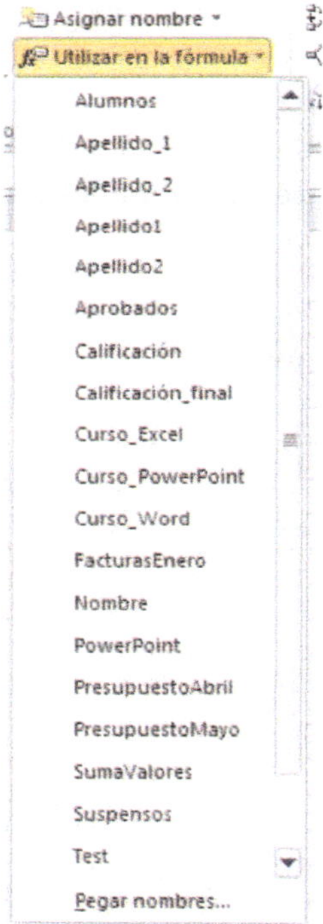

Además de nombrar las celdas o rango de celdas, Excel nos permite poner nombre a una constante, es decir, a un valor que no cambia, como por ejemplo el número pi siempre será 3.1416...

Es posible que en una hoja de cálculo necesitemos usar un número constante varias veces, por ejemplo, una cuota mensual, etc. Podemos darle nombre en lugar de escribirlo continuamente.

Para ello, abriremos el cuadro de diálogo **Nombre nuevo,** de cualquiera de las maneras vista anteriormente, e introduciremos el nombre de la constante en el campo **Nombre.** En **Hace referencia a** escribiremos el signo = seguido de la constante. Por ejemplo:

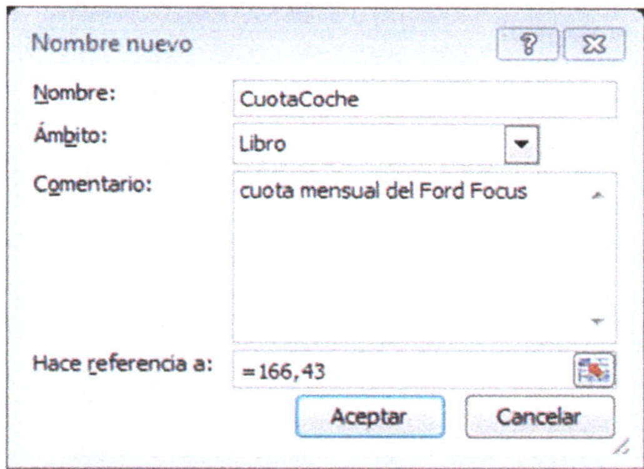

Así, cuando queramos utilizar esta constante en una fórmula, simplemente escribiremos su nombre y Excel la reconocerá.

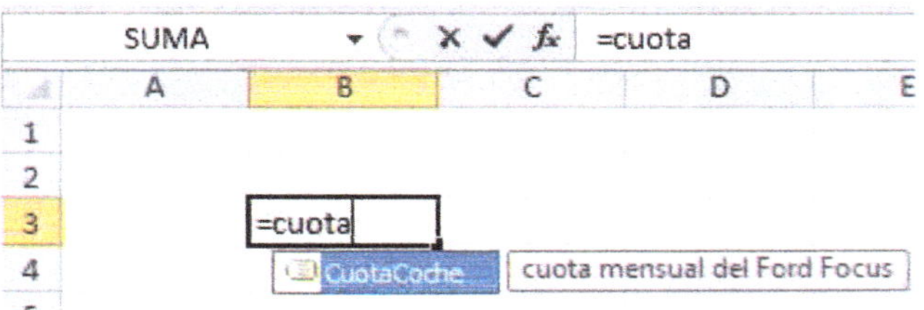

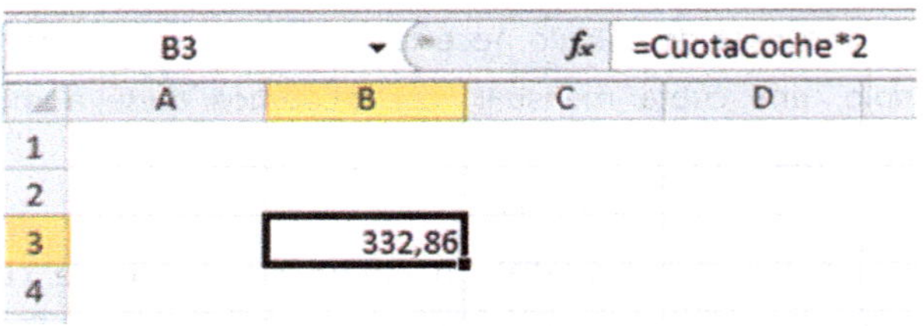

Resumen

En esta unidad didáctica hemos estudiado los procedimientos para **seleccionar celdas,** lo que nos servirá para poder copiarlas, moverlas y pegarlas.

Se han explicado herramientas propias de los procesadores de texto, como las de **ortografía o búsqueda,** pero que nos ayudarán en el trabajo con las hojas de cálculo.

Gracias a las opciones de **insertar y eliminar** podremos modificar la estructura de la hoja según nuestras necesidades.

También hemos aprendido a **mejorar el aspecto que pueda ofrecer una hoja de cálculo.**

Se han explicado las herramientas que nos permitirán convertir una lista de valores y textos, en formatos de **datos más ordenados y atractivos** desde el punto de vista estético.

Es importante **ofrecer la información de manera agradable** para quien va a leer un gran conjunto de datos.

Hemos repasado los distintos **tipos de formatos de número** que podemos insertar en Excel.

El **formato condicional** nos facilitará enormemente nuestra labor en tareas de investigación o análisis de resultados.

Dichas aplicaciones nos permitirán cambiar desde el formato del contenido insertado en la celda, hasta el color de esta o la forma y el grosor de sus bordes.

Igualmente hemos aprendido a **rellenar las celdas automáticamente,** tanto con datos como con fórmulas. Esto nos ahorrará mucho tiempo en el trabajo con hojas de cálculo.

Posteriormente se ha explicado el proceso para **seleccionar celdas no contiguas,** ya sean de la misma hoja, de hojas distintas e incluso de otros libros.

Por último, hemos aprendido a **nombrar las celdas o rangos de celdas** para una mejor comprensión de lo que realiza una fórmula o función.

Ejercicios de autoevaluación

1. ¿Con qué tecla se puede pasar a editar el contenido de una celda?

a) CTRL.

b) ALT.

c) F2.

2. Por defecto, ¿qué tipo de pegado realiza Excel?

a) Mantener el formato de origen.

b) Coincidir con formato destino.

c) Otro.

3. Para seleccionar un rango de celdas con el teclado, lo haremos manteniendo pulsada la tecla...

a) MAYÚS.

b) ALT.

c) CTRL.

4. Para modificar un dato en Excel, tendremos que validarlo primero.

a) Verdadero.

b) Falso.

5. Una vez seleccionadas las celdas, pulsaremos la tecla ___________ para eliminar su contenido.

a) Borrar.

b) Suprimir.

c) Espacio.

6. Cuando insertamos una columna, ¿en qué posición se coloca?

a) A la derecha de la columna seleccionada.

b) A la izquierda de la columna seleccionada.

c) Se superpone a la columna seleccionada.

7. ¿Qué formato de número tiene Excel por defecto?

a) Estándar.

b) General.

c) Número.

8. ¿Qué herramienta nos muestra una información extra en las celdas, mostrándonos si un valor supera un determinado rango, condición o provoca un error en una serie?

a) Validación de datos.

b) Formato condicional.

c) Ordenar y filtrar.

9. Podemos utilizar el relleno automático de celdas para copiar el contenido de las celdas.

a) Verdadero.

b) Falso.

10. Si escribimos Lunes en una celda y Martes en la contigua, ¿qué aparecerá en la siguiente celda al arrastrar el controlador de relleno de última celda escrita?

a) Martes.

b) Lunes.

c) Miércoles.

U. D. 3. Fórmulas y funciones básicas

Introducción

En esta unidad aprenderemos los conceptos y herramientas que nos permitirán escribir y trabajar con **fórmulas.**

Trataremos de conocer todas las herramientas que nos ofrece el programa en este sentido y la metodología que emplearemos para implementarlas.

Asimismo, conoceremos algunos mecanismos para tratar de atajar los posibles errores que surjan en el uso de estas aplicaciones.

Aunque será la práctica la que nos debe llevar a asimilar correcto el funcionamiento de las fórmulas.

Una **función** es una fórmula que viene en Excel predeterminada para realizar operaciones complejas o con un gran número de celdas, de modo que ya la fórmula dejaría de ser práctica.

Excel contiene un gran número de funciones agrupadas en doce categorías:

- Financieras.
- Lógicas.
- Texto.
- Fecha y hora.
- Búsqueda y referencia.
- Matemáticas y trigonométricas.
- Estadísticas.

- Ingeniería.
- Cubo.
- Información.
- Compatibilidad.
- Base de datos.

1. Operadores y prioridad

Definición

Una **fórmula** es una ecuación que, mediante unos operadores, realiza cálculos con los valores introducidos en la hoja de cálculo.

Los **operadores** son los símbolos utilizados normalmente en matemáticas para realizar cálculos. Vamos a ver a continuación los tipos de operadores de los que dispone Excel:

- **Aritméticos:** realizan operaciones matemáticas básicas y devuelven un número como resultado.

    Suma **+**
    Resta **−**
    Multiplicación *****
    División **/**
    Porcentaje **%**
    Exponente **^**

- **Comparativos:** comparan dos valores entre sí y devuelven el valor lógico Verdadero o Falso.

    Igual **=**
    Mayor que **>**

Menor que **<**

Mayor o igual **>=**

Menor o igual **<=**

Distinto **<>**

- **Texto:** une dos valores de texto.

Concatenación **&**

- **Referencia:** combinan rangos de celdas.

  ✓ Dos puntos: crea una referencia a todas las celdas que haya entre las dos celdas que se escriban, incluidas estas últimas, es decir, un rango de celdas. Por ejemplo: (A2:C27) se refiere a todas las celdas entre la A2 y C27, siendo A2 la esquina superior izquierda y C27 la inferior derecha.
  ✓ Coma: se utiliza para unir varias referencias. Por ejemplo: (SUMA (A2:A27,E2:E27)) sumaría el rango de celdas desde A2 hasta A27 con las celdas desde E2 hasta E27.
  ✓ Espacio: se usa para obtener la intersección entre dos rangos de celdas, es decir, las celdas comunes a los dos rangos.

Cuando una fórmula tiene más de un operador, Excel calcula el resultado de izquierda a derecha, teniendo en cuenta el orden de prioridad normal en los cálculos aritméticos.

Este **orden de prioridad en los operadores** es, de mayor a menor, el siguiente:

- Referencia.
- Negación.
- Porcentaje.
- Exponente.
- Multiplicación/División.
- Suma/Resta.
- Concatenación.

- Comparación.

Podremos cambiar este orden predeterminado mediante el uso de paréntesis. Para ello, deberemos escribir entre paréntesis la operación que queremos que se realice en primer lugar.

Por ejemplo, si insertamos la fórmula **=A3+B1*C2,** según el orden de prioridad, primero se multiplicará **B1*C2** y al resultado se le sumará **A3.**

Sin embargo, si ponemos **=(A3+B1)*C2,** cambiaremos esa prioridad, de modo que en primer lugar se sumará **A3+B1** y el resultado se multiplicará por **C2.**

2. Escritura de fórmulas básicas

Importante

En Excel **una fórmula empieza siempre con un signo igual.**

Para introducir una fórmula, simplemente nos situaremos en la celda donde queramos y escribiremos el signo igual (=). A continuación los valores y/o celdas de referencia y los operadores necesarios. Pulsaremos la tecla Intro o el botón Introducir ✔ de la barra de fórmulas para finalizar.

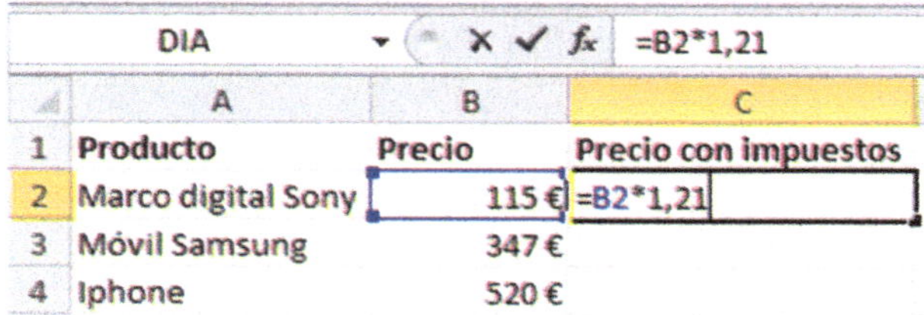

DIA		X ✔ *fx*	=B2*1,21
	A	B	C
1	**Producto**	**Precio**	**Precio con impuestos**
2	Marco digital Sony	115 €	=B2*1,21
3	Móvil Samsung	347 €	
4	Iphone	520 €	

Una vez que hayamos introducido la fórmula, aparecerá en la celda el resultado de la fórmula, y la fórmula en sí se verá en la barra de fórmulas.

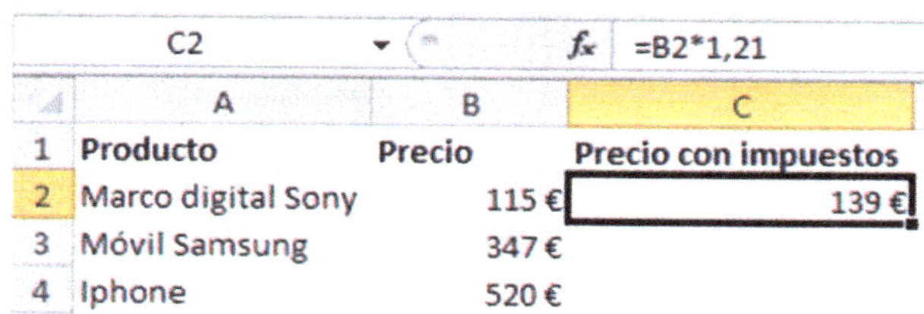

Podemos cambiar esto y ver la fórmula escrita directamente en la celda, mediante la opción **Mostrar fórmulas** del grupo **Auditoría de fórmulas** de la pestaña **Fórmulas.**

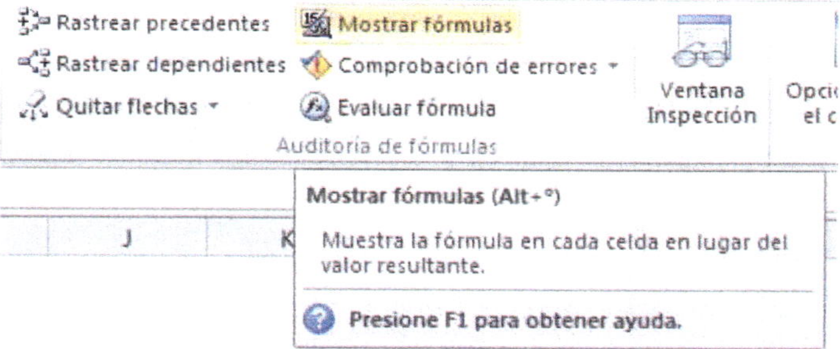

En las imágenes siguientes vemos la misma hoja con la opción **Mostrar fórmulas** desactivada y activada, respectivamente.

	A	B	C	D
1				
2		Alumnos	Aprobados	Suspensos
3	PowerPoint	12	10	2
4	Word	14	13	1
5	Curso Excel	23	20	3
6		49	43	6
7				
8				
9	14,33333333			

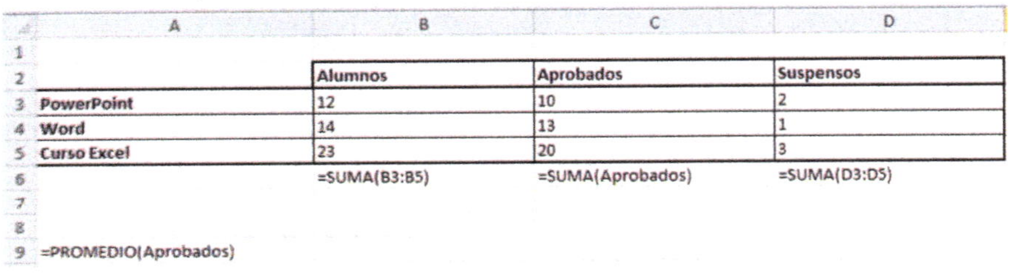

	A	B	C	D
1				
2		Alumnos	Aprobados	Suspensos
3	PowerPoint	12	10	2
4	Word	14	13	1
5	Curso Excel	23	20	3
6		=SUMA(B3:B5)	=SUMA(Aprobados)	=SUMA(D3:D5)
7				
8				
9	=PROMEDIO(Aprobados)			

3. Copia de fórmulas

En Excel es muy frecuente encontrarse con una serie de datos con los que tenemos que realizar ciertas operaciones.

Si la fórmula a aplicar es siempre la misma, variando únicamente los datos que la forman, no volveremos a escribirla cada vez, sino que la copiaremos.

Supongamos que tenemos dos coches y queremos calcular lo que hemos gastado de gasolina entre los dos, por meses.

	A	B	C	D
1	MES	GASOLINA COCHE 1	GASOLINA COCHE 2	TOTAL
2	Enero	150 €	100 €	=B2+C2
3	Febrero	150 €	200 €	
4	Marzo	200 €	175 €	
5	Abril	100 €	125 €	
6	Mayo	250 €	125 €	
7	Junio	250 €	250 €	
8	Julio	50 €	100 €	
9	Agosto	150 €	100 €	

Escribiremos la fórmula una vez en la celda D2, que será **=B2+C2** y la aceptaremos.

En este caso, podemos utilizar la **opción de autorrelleno que ya estudiamos,** ya que los datos se encuentran en la misma posición relativa a la fórmula. Es decir, clicaremos y arrastraremos el controlador de relleno sobre las celdas de la columna D.

	A	B	C	D
1	MES	GASOLINA COCHE 1	GASOLINA COCHE 2	TOTAL
2	Enero	150 €	100 €	250 €
3	Febrero	150 €	200 €	350 €
4	Marzo	200 €	175 €	375 €
5	Abril	100 €	125 €	225 €
6	Mayo	250 €	125 €	375 €
7	Junio	250 €	250 €	500 €
8	Julio	50 €	100 €	150 €
9	Agosto	150 €	100 €	250 €

Si nos situamos en la celda D5, por ejemplo, comprobaremos cómo la fórmula en este caso hace referencia a las celdas B5 y C5.

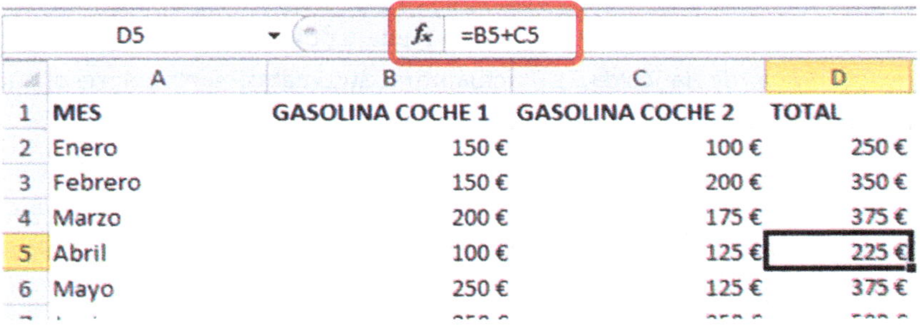

D5		f_x	=B5+C5

	A	B	C	D
1	MES	GASOLINA COCHE 1	GASOLINA COCHE 2	TOTAL
2	Enero	150 €	100 €	250 €
3	Febrero	150 €	200 €	350 €
4	Marzo	200 €	175 €	375 €
5	Abril	100 €	125 €	225 €
6	Mayo	250 €	125 €	375 €

También es posible copiar fórmulas a través del **botón copiar** o del atajo de teclado **CTRL+C.**

Esta operación puede dar errores si no se utilizan las referencias correctas a las celdas.

4. Referencias relativas, absolutas y mixtas

Definición

Se denomina **referencia** al nombre de una celda, es decir, la letra de su columna y el número de su fila. Por ejemplo A8, G3, etc.

Sirve para que Excel sepa dónde encontrar los datos a utilizar en una fórmula o función. Con frecuencia, un mismo dato (por ejemplo, el de la celda A2) hay que utilizarlo en diferentes fórmulas, por lo que es más cómodo escribirlo únicamente una vez y hacer referencia a dicha celda cuando haga falta.

Otra de las ventajas de hacer referencia a una celda en una fórmula es que si se modifica el valor de la celda, se actualizará automáticamente el resultado de la fórmula en cuestión.

Para escribir una referencia debemos escribir el nombre de la columna y el de la fila que definen la celda. Dependiendo del tipo de referencia, veremos el símbolo $ escrito antes de la columna y/o de la fila.

Los **tipos de referencia** con que nos podemos encontrar en Excel son:

- **Relativas:** la posición de la celda se obtiene en relación a la distancia que tiene con respecto a la celda donde estamos introduciendo la fórmula.

  Por ejemplo, en la imagen siguiente, la celda C4 está dos celdas a la derecha y tres más abajo que la **A1**, a la que hace referencia.

  Esta relación de distancia se guardará siempre, por lo que si copiamos la celda C4 a la celda C6, se ajustará automáticamente la referencia a la celda A3, para así seguir manteniendo la misma distancia.

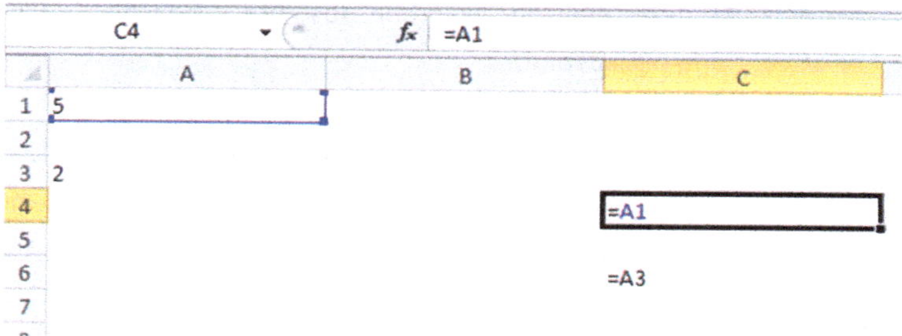

Las referencias relativas son las que tienen por defecto las fórmulas nuevas y se designan con el nombre de su columna y el de su fila. Ejemplo: A1.

- **Absolutas:** la posición de la celda a la que se hacer referencia es fija. Aunque se modifique la posición en la que se encuentra la fórmula, la referencia absoluta seguirá siendo la misma celda.

Si copiamos la fórmula a otra fila o columna, seguirá haciendo referencia a la misma celda, sin ajustarse la fórmula como en el caso de las referencias relativas. En el mismo ejemplo anterior, en este caso al copiar la fórmula de C4 a C6, sigue haciendo referencia a la celda A1.

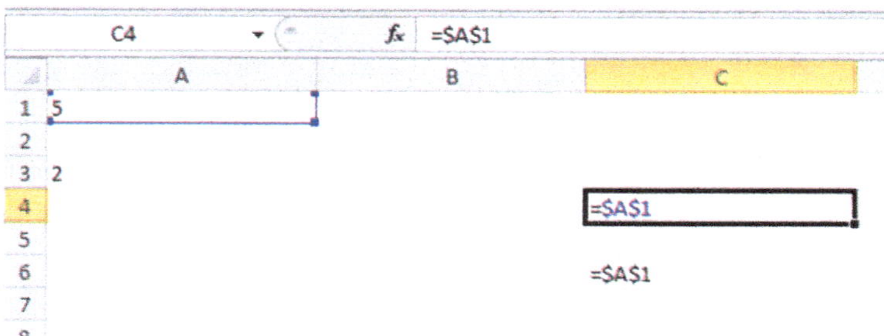

Para definir una referencia absoluta, debemos escribir antes del nombre de la columna y del nombre de la fila el símbolo $. Ejemplo: A1

- **Mixtas:** se llama referencia mixta a una referencia en la que o bien la columna o bien la fila es fija, y la otra variará en relación con la posición inicial de la fórmula. Es decir, hay una columna absoluta y una fila relativa o una columna relativa y una fila absoluta.

Si cambiamos la posición de la celda que tiene la fórmula, la referencia relativa cambiará y la absoluta se mantendrá igual. Es decir, se ajustará la fórmula únicamente en lo que a la referencia relativa se refiere, sin ajustar la referencia absoluta.

Una referencia mixta lleva el símbolo $ delante de la referencia que no cambia, es decir, la absoluta. Si lo que cambia es la columna y se mantiene fija la fila, escribiremos por ejemplo **A$1.** En el caso contrario, para que se mantenga la columna y cambie la fila, escribiremos **$A1.**

Lo veremos más claramente en el siguiente ejemplo. Se ha tomado como fija (absoluta) la fila 1 y como relativa la columna A. En la celda B3 hacemos referencia a A$1, que como vemos es el valor 5.

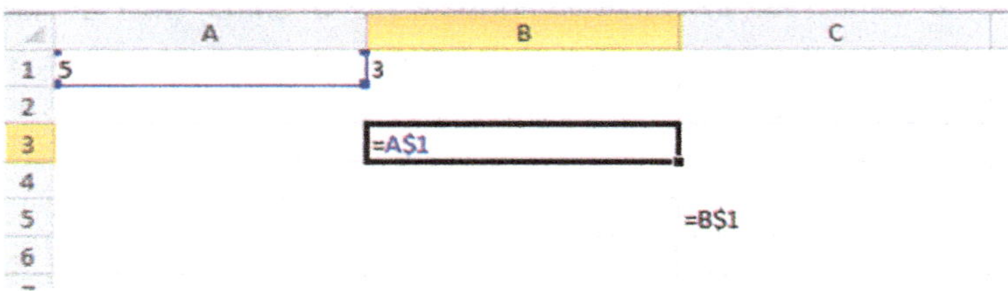

Copiamos dicha fórmula a la celda C5. Como vemos, cambia la referencia de la fórmula a B$1, cuyo valor es 3. Es decir, aunque variemos la posición de la fórmula, la fila seguirá siendo la 1; sin embargo, la columna será la que esté una celda hacia la izquierda de la actual.

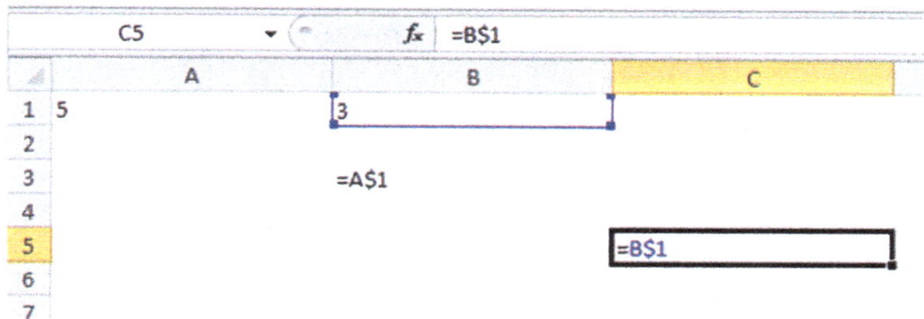

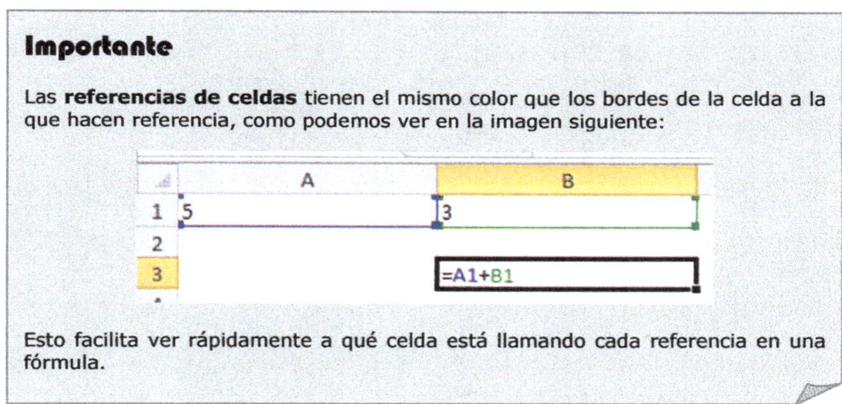

Esto facilita ver rápidamente a qué celda está llamando cada referencia en una fórmula.

5. Funciones matemáticas elementales predefinidas en la aplicación de hoja de cálculo

Además de muchas otras, Excel dispone de funciones de cálculo matemático, como las funciones matemáticas y trigonométricas.

Las encontramos en el botón desplegable del mismo nombre, del grupo **Biblioteca de funciones** de la pestaña **Fórmulas.**

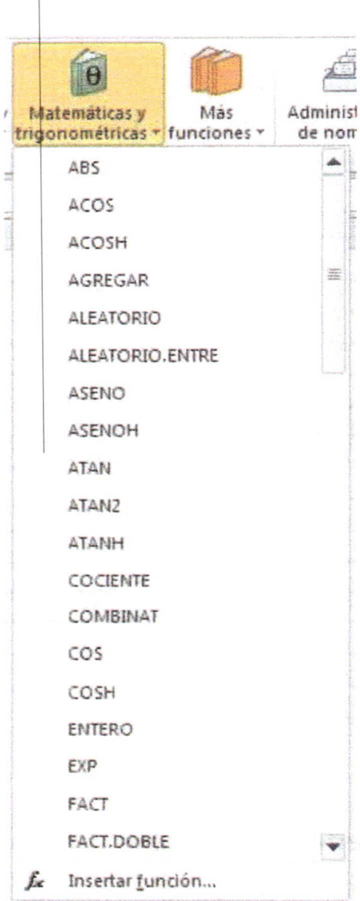

A continuación se detallan todas las **funciones matemáticas y la operación que realiza cada una de ellas:**

Función	Descripción
ABS	Devuelve el valor absoluto de un número.
ACOS	Devuelve el arcocoseno de un número.
ACOSH	Devuelve el coseno hiperbólico inverso de un número.
AGREGAR	Devuelve el agregado en una lista o base de datos.
ASENO	Devuelve el arcoseno de un número.
ASENOH	Devuelve el seno hiperbólico inverso de un número.
ATAN	Devuelve la arcotangente de un número.
ATAN2	Devuelve la arcotangente de las coordenadas "x" e "y".
ATANH	Devuelve la tangente hiperbólica inversa de un número.

MULTIPLO.SUPERIOR	Redondea un número al entero más próximo o al múltiplo significativo más cercano.
MULTIPLO.SUPERIOR.EXACTO	Redondea un número hacia el entero o el múltiplo significativo más próximos. El número se redondea hacia arriba, independientemente de su signo.
COMBINAT	Devuelve el número de combinaciones para un número determinado de objetos.
COS	Devuelve el coseno de un número.
COSH	Devuelve el coseno hiperbólico de un número.
GRADOS	Convierte radianes en grados.
REDONDEA.PAR	Redondea un número hasta el entero par más próximo.
EXP	Devuelve e elevado a la potencia de un número dado.
FACT	Devuelve el factorial de un número.
FACT.DOBLE	Devuelve el factorial doble de un número.
MULTIPLO.INFERIOR	Redondea un número hacia abajo, en dirección hacia cero.
MULTIPLO.INFERIOR.EXACTO	Redondea un número hacia abajo hasta el entero o el múltiplo significativo más cercanos. El número se redondea hacia abajo, independientemente de su signo.
M.C.D	Devuelve el máximo común divisor.
ENTERO	Redondea un número hacia abajo hasta el entero más próximo.
M.C.M	Devuelve el mínimo común múltiplo.
LN	Devuelve el logaritmo natural (neperiano) de un número.
LOG	Devuelve el logaritmo de un número en una base especificada.
LOG10	Devuelve el logaritmo en base 10 de un número.
MDETERM	Devuelve el determinante matricial de una matriz.
MINVERSA	Devuelve la matriz inversa de una matriz.
MMULT	Devuelve el producto de matriz de dos matrices.
RESTO	Devuelve el resto de la división.
REDOND.MULT	Devuelve un número redondeado al múltiplo deseado.
MULTINOMIAL	Devuelve el polinomio de un conjunto de números.
REDONDEA.IMPAR	Redondea un número hacia arriba hasta el entero impar más próximo.
PI	Devuelve el valor de pi.
POTENCIA	Devuelve el resultado de elevar un número a una potencia.
PRODUCTO	Multiplica sus argumentos.
COCIENTE	Devuelve la parte entera de una división.
RADIANES	Convierte grados en radianes.
ALEATORIO	Devuelve un número aleatorio entre 0 y 1.
ALEATORIO.ENTRE	Devuelve un número aleatorio entre los números que especifique.
NUMERO.ROMANO	Convierte un número arábigo en número romano, con formato de texto.
REDONDEAR	Redondea un número al número de dígitos especificado.
REDONDEAR.MENOS	Redondea un número hacia abajo, en dirección hacia cero.
REDONDEAR.MAS	Redondea un número hacia arriba, en dirección contraria a cero.
SUMA.SERIES	Devuelve la suma de una serie de potencias en función de la fórmula.
SIGNO	Devuelve el signo de un número.
SENO	Devuelve el seno de un ángulo determinado.

SENOH	Devuelve el seno hiperbólico de un número.
RCUAD	Devuelve la raíz cuadrada positiva de un número.
RAIZ2PI	Devuelve la raíz cuadrada de un número multiplicado por PI (número * pi).
SUBTOTALES	Devuelve un subtotal en una lista o base de datos.
SUMA	Suma sus argumentos.
SUMAR.SI	Suma las celdas especificadas que cumplen unos criterios determinados.
SUMAR.SI.CONJUNTO	Suma las celdas de un rango que cumplen varios criterios.
SUMAPRODUCTO	Devuelve la suma de los productos de los correspondientes componentes de matriz.
SUMA.CUADRADOS	Devuelve la suma de los cuadrados de los argumentos.
SUMAX2MENOSY2	Devuelve la suma de la diferencia de los cuadrados de los valores correspondientes de dos matrices.
SUMAX2MASY2	Devuelve la suma de la suma de los cuadrados de los valores correspondientes de dos matrices.
SUMAXMENOSY2	Devuelve la suma de los cuadrados de las diferencias de los valores correspondientes de dos matrices.
TAN	Devuelve la tangente de un número.
TANH	Devuelve la tangente hiperbólica de un número.
TRUNCAR	Trunca un número a un entero.

6. Reglas para utilizar las funciones predefinidas

Definición

Una función es una **fórmula** que viene en Excel predefinida para realizar operaciones complejas o con un gran número de celdas y que devuelve un resultado.

Todas las funciones tienen una sintaxis en común y unas reglas que deben cumplir siempre:

- **Estructura de una función.** La estructura de una función empieza siempre por el signo igual (=), seguido por el nombre de la función. Después un paréntesis de apertura, los argumentos de la función separados por un punto y coma, sin espacios, y un paréntesis de cierre.
- **Argumentos.** Los argumentos pueden ser valores constantes, como números o texto, referencias a celdas, fórmulas o incluso otras funciones.

- **Información sobre herramientas de argumentos.** Excel nos proporciona ayuda sobre las funciones según las vamos escribiendo. Así, si escribimos la función =PRODUCTO veremos una explicación de para qué se utiliza.

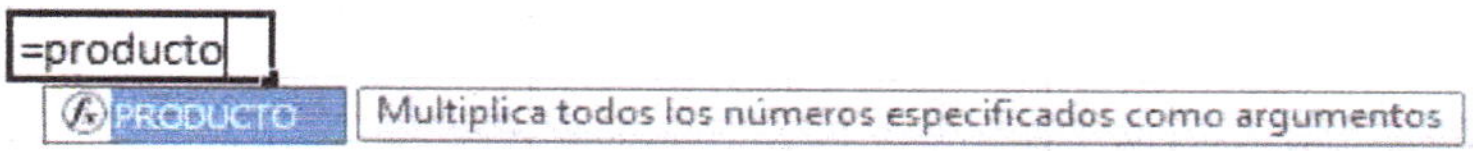

Al introducir el paréntesis para añadir los argumentos, Excel nos ofrecerá información sobre los mismos. Es decir, muestra la sintaxis de la función y sus argumentos.

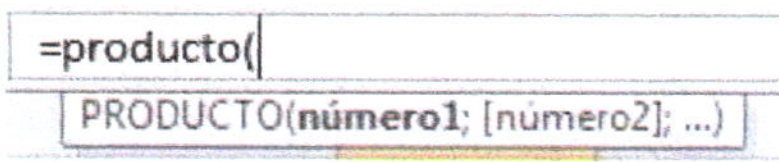

En resumen, la sintaxis de cualquier función es la siguiente:

Nombrefunción(argumento1;argumento2;...;argumentoN).

7. Utilización de las funciones elementales más usuales

Una de las funciones más utilizadas en las hojas de cálculo es la **SUMA,** ya que lo más normal es trabajar con números y nos puede ayudar a simplificar bastante una fórmula.

Podemos usar esta función rápidamente, sin necesidad de escribirla cada vez, gracias al botón **Suma** del grupo **Biblioteca de funciones** de la pestaña **Fórmula.**

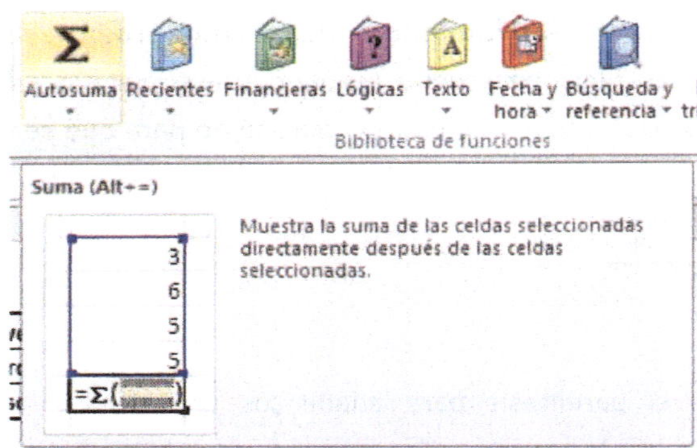

Como podemos ver, al situar el cursor sobre dicho botón durante unos segundos aparecerá una pequeña explicación de lo que realiza.

Si nos encontramos en una celda en blanco, nos aparecerá directamente el signo = seguido de la función.

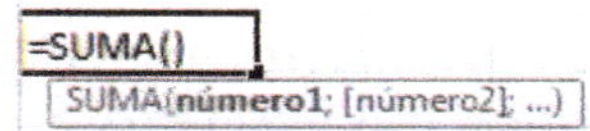

En el caso de que tengamos un rango de celdas seleccionado, se realizará directamente la suma de los valores de dichas celdas, apareciendo el resultado en la celda siguiente a la selección.

En este último caso, al tener seleccionado un rango de celdas, podemos ver directamente el valor de su suma en la barra de estado de Excel.

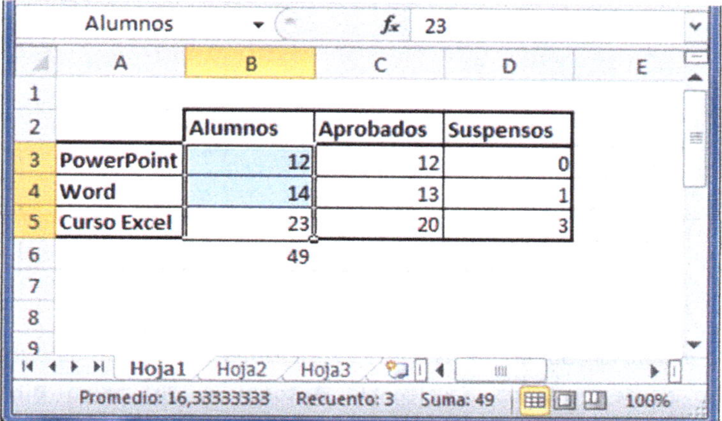

Como vemos en la imagen anterior, hemos seleccionado las celdas B3, B4 y B5. En la barra de estado observamos los datos que nos ofrece Excel: el **Promedio** (o media aritmética), el **Recuento** (nº de celdas seleccionadas no vacías) y la **Suma** de sus valores.

Esto es muy útil cuando simplemente necesitamos conocer el valor de la suma de manera provisional para comprobar algo.

También es posible **sumar a la vez filas y columnas,** seleccionando en ese caso, un rango de celdas que incluya también las celdas en blanco donde irán los resultados, como podemos ver en la imagen siguiente:

Una vez seleccionado ese rango, al hacer clic en el botón **SUMA,** obtendremos lo siguiente:

⊿	A	B	C	D	E
1					
2		**Alumnos**	**Aprobados**	**Suspensos**	
3	**PowerPoint**	12	10	2	24
4	**Word**	14	13	1	28
5	**Curso Excel**	23	20	3	46
6		49	43	6	98
7					

Además de la función Suma, existen otras **funciones básicas** a las que tendremos fácil acceso desde el botón desplegable **Autosuma,** del grupo **Biblioteca de funciones** de la pestaña **Fórmulas.**

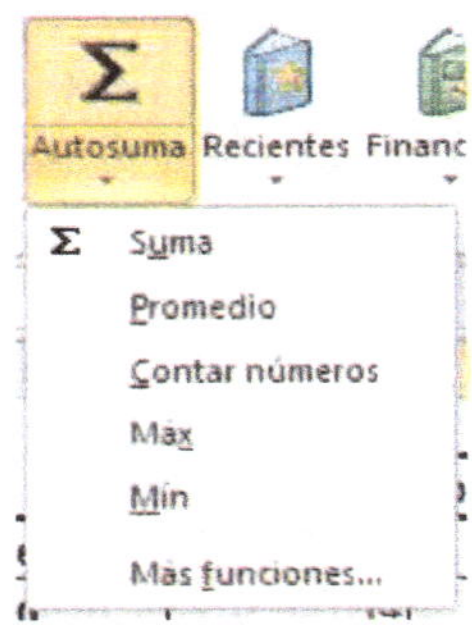

Podemos elegir entre:

- **Promedio:** realiza la media aritmética de un rango de celdas.
- **Contar números:** cuenta el número de celdas no vacías de un rango de celdas.
- **Máx:** devuelve el valor máximo de un rango de celdas.
- **Mín:** devuelve el valor mínimo de un rango de celdas.

Si elegimos la opción **Más funciones,** nos aparecerá el cuadro de diálogo **Insertar función** que veremos en el epígrafe siguiente.

8. Uso del asistente para funciones

El número de funciones que nos ofrece Excel es tan extenso que no siempre sabremos el nombre de la función que queremos utilizar para escribirlo directamente.

Para hacer la inserción de funciones más sencilla, Excel nos proporciona un asistente que nos será muy útil.

Para abrirlo, iremos a la pestaña **Fórmulas,** y en el grupo **Biblioteca de funciones,** pincharemos en el botón **Insertar función.**

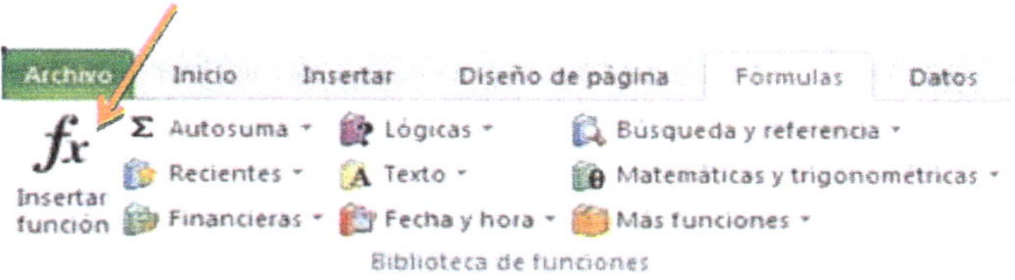

Aparecerá entonces el cuadro de diálogo **Insertar función.**

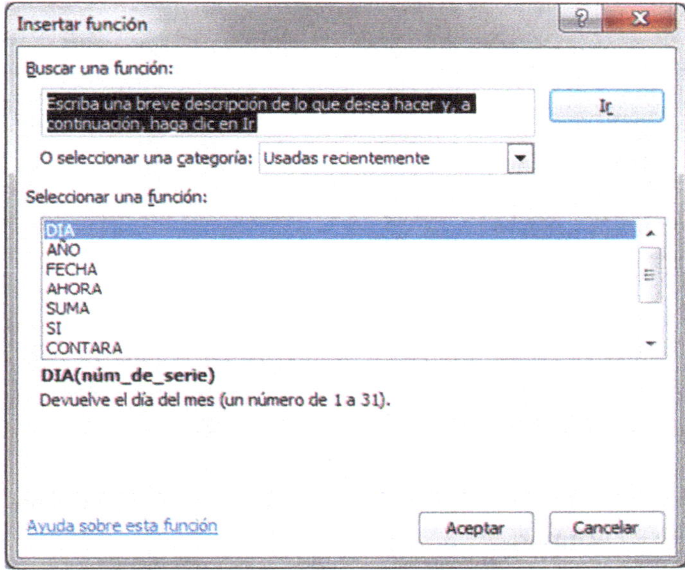

Otra forma de llegar a este cuadro de diálogo es clicar en el botón **Insertar función** de la **Barra de fórmulas.**

Una vez aquí, Excel 2010 nos permite escribir una pequeña descripción de la función que buscamos en el campo **Buscar una función.**

Otra opción es buscar directamente la función entre las que nos proporciona Excel en la lista **Seleccionar una función.** Para que esta lista no sea excesivamente larga, es recomendable filtrar las funciones por categoría.

Para ello, desplegaremos la lista **Seleccionar una categoría** y elegiremos el **tipo de función** que buscamos. Desde aquí también podremos mostrar las funciones **Usadas recientemente** o **Todas.**

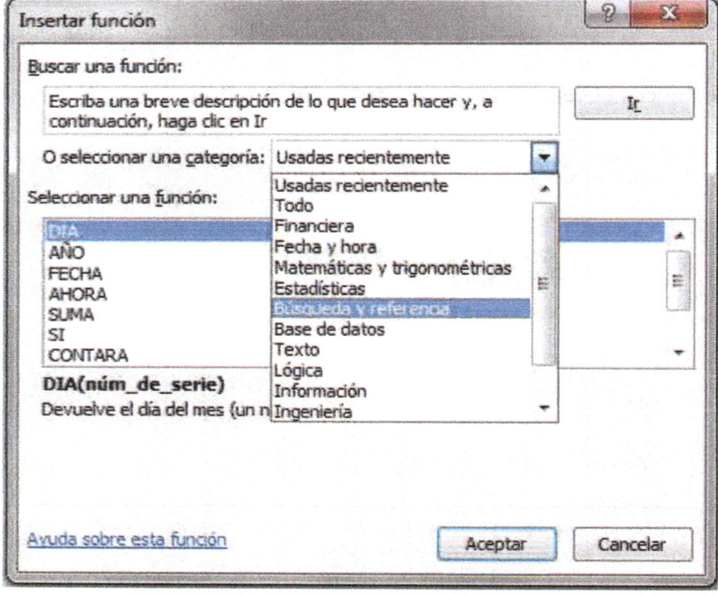

Una vez que encontremos la función que necesitemos, pinchamos en ella y posteriormente en **Aceptar.**

Cada vez que seleccionemos una función, aparecerán en la parte inferior de la lista **Seleccionar una función** los argumentos que necesita dicha función, así como una breve descripción de la misma.

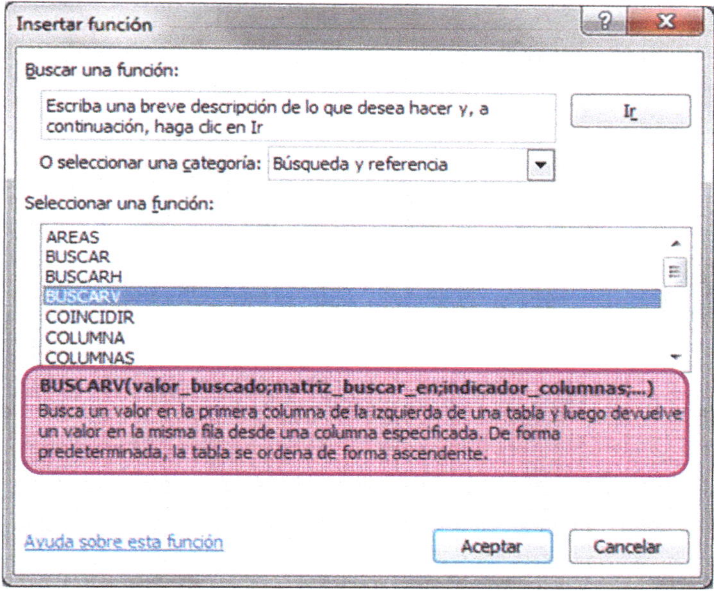

Una vez que aceptemos la función, se abrirá el cuadro de diálogo **Argumentos de función.**

En su parte inferior, aparecerá una descripción del tipo de argumento necesario en cada momento.

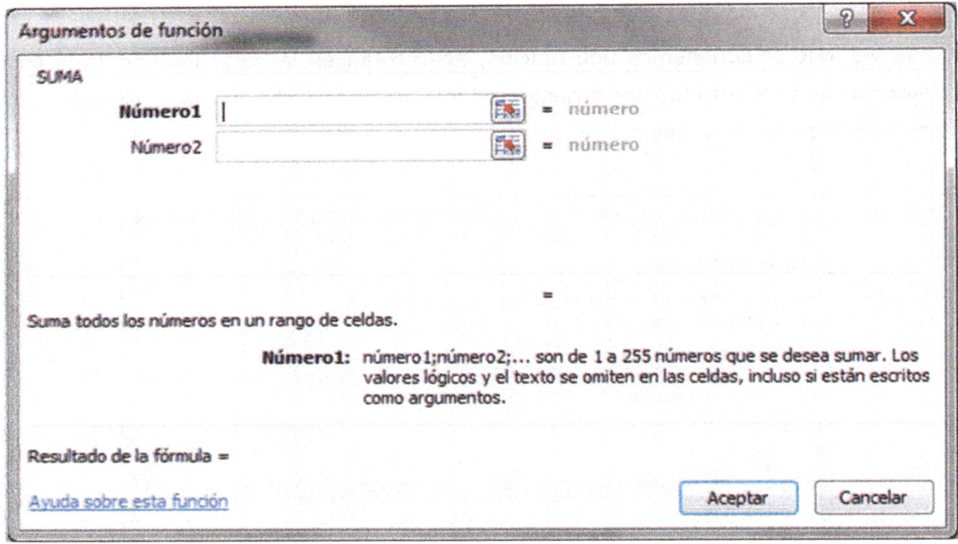

En este caso, hemos elegido la función **SUMA** como ejemplo, por ser bastante simple.

El primer argumento es el campo **Número1.** En él deberemos introducir o bien un valor numérico, escribiéndolo directamente, una celda o un rango de celdas.

Si vamos a elegir una celda o un rango de celdas, clicaremos en el botón que encontramos a la derecha del campo Número1, . De este modo el cuadro de diálogo se hará más pequeño, para que podamos tener fácil acceso a la hoja de cálculo y seleccionar las celdas o el rango de celdas.

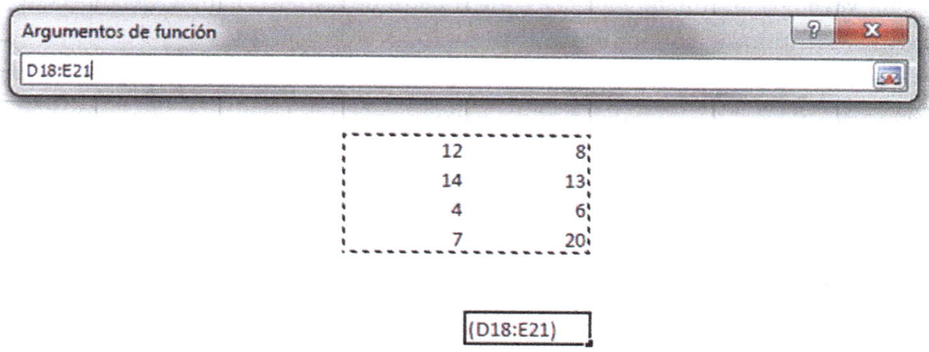

Para volver al cuadro de diálogo pulsaremos Intro o clicaremos en el botón .

En este caso podemos sumar únicamente ese rango o añadir otro argumento en el campo **Número2.** En el caso de la SUMA, irán apareciendo campos para añadir más argumentos según vayamos rellenando los anteriores.

Una vez introducimos todos los argumentos, haremos clic en **Aceptar** y veremos el resultado de la función en la celda donde se insertó.

¿Sabía que...?

El rango que definamos en una función se actualizará automáticamente, ampliándose si insertamos una fila o columna en medio.

Hemos visto cómo el argumento de una función puede ser un valor constante o un rango de celdas. Además puede ser una expresión como, por ejemplo, la multiplicación de dos celdas E4*A2.

Asimismo, se puede utilizar una función como argumento de otra función. Es lo que se denomina **funciones anidadas.**

Según vayamos insertando funciones, en la barra de fórmula, iremos viendo cómo se construye la fórmula, con sus argumentos, etc.

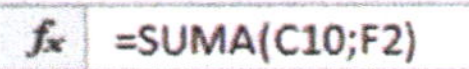

En el momento en que escribimos el signo = en una celda, Excel lo interpreta como una fórmula, y cambia el cuadro de nombres, de modo que en lugar de la referencia a la celda, veremos una lista de funciones que podemos utilizar.

En las siguientes imágenes, podemos ver el cuadro de nombres antes y después de escribir el signo = en la celda.

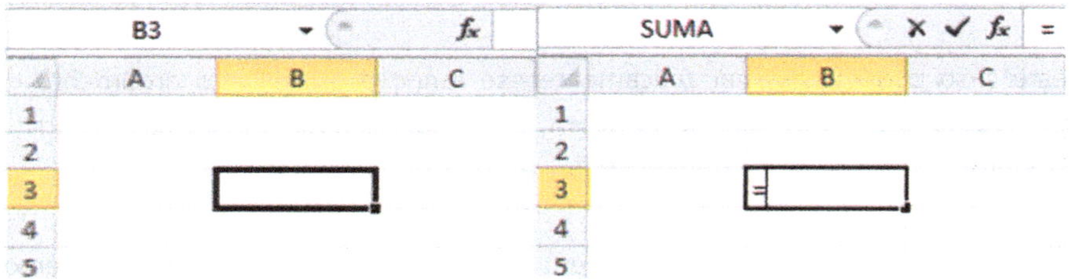

Si desplegamos la lista del cuadro de nombres, veremos algunas funciones, así como un acceso a **Más funciones.**

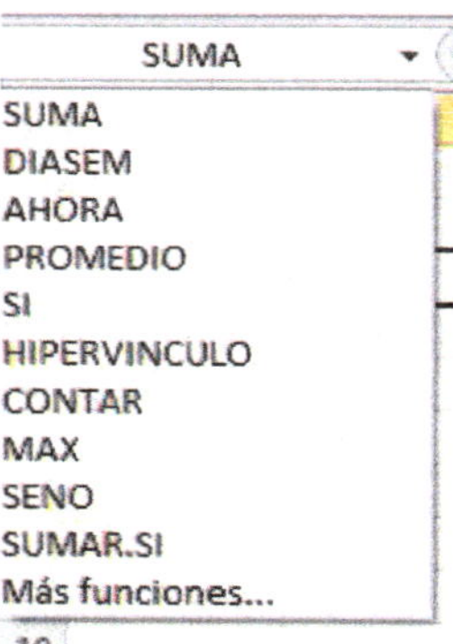

Resumen

En esta unidad hemos aprendido **qué es una fórmula y cómo se escribe.**

Se han explicado las **referencias,** detallando los diferentes tipos que existen en Excel, así como su funcionamiento en una fórmula.

Además, hemos aprendido a **insertar funciones.**

Se han definido las **funciones matemáticas** que ofrece Excel, así como las más utilizadas.

Gracias al **asistente para funciones** de Excel 2010 podremos crear funciones tan complejas y completas como necesitemos.

Al ser tan extenso el número de funciones de Excel, será la **práctica** la que le lleve a asimilar bien el funcionamiento de las mismas.

Ejercicios de autoevaluación

1. Una fórmula empieza siempre por…

a) Un paréntesis (

b) El signo +

c) El signo =

2. ¿Cuál de los siguientes operadores tiene prioridad sobre los demás?

a) Porcentaje.

b) Suma.

c) Multiplicación.

3. ¿Qué opción utilizaremos para copiar fórmulas?

a) Autorrelleno.

b) Pegar.

c) Formato.

4. ¿Qué tipos de referencias existen en Excel?

a) Relativas, totales y parciales.

b) Relativas, absolutas y mixtas.

c) Parciales, totales y mixtas.

5. ¿Cómo se interpreta la referencia C$7?

a) Es una referencia relativa a la celda C7.

b) La columna C es fija y la fila 7 es relativa.

c) La columna C es relativa y la fila 7 es fija.

6. Los argumentos de una función van separados por...

a) Una coma.

b) Un punto y coma.

c) Un espacio.

7. El nombre de una función va siempre detrás de los argumentos.

a) Verdadero.

b) Falso.

8. ¿Qué función utilizaremos para realizar la media aritmética de una serie de valores?

a) Media.

b) Promedio.

c) MediaArit.

9. Una función anidada tiene como argumento...

a) Otra función.

b) Un número.

c) Un texto.

10. Los argumentos de una función se escriben entre...

a) Corchetes.

b) Comillas.

c) Paréntesis.

U. D. 4. Inserción de gráficos elementales

Introducción

En esta unidad aprenderemos a insertar una serie de elementos que enriquecerán nuestras hojas cálculo: gráficos y minigráficos.

Con las herramientas que vamos a aprender a manejar en los próximos apartados lograremos mostrar la información existente en los libros de trabajo de una forma más vistosa pero no por ello menos seria.

Con estos elementos podremos resumir y complementar la información que aportemos en las hojas de cálculo, siendo la llave en muchos casos de acabar por definir un trabajo realmente profesional.

Estas herramientas no tienen una relación directa con el fundamento técnico de una hoja de cálculo, pero podrán aportar un toque visual con el que hacer más agradable o entendible la información que se presente.

1. Elementos básicos principales

Antes de profundizar en la creación de gráficos, veamos de qué partes se componen:

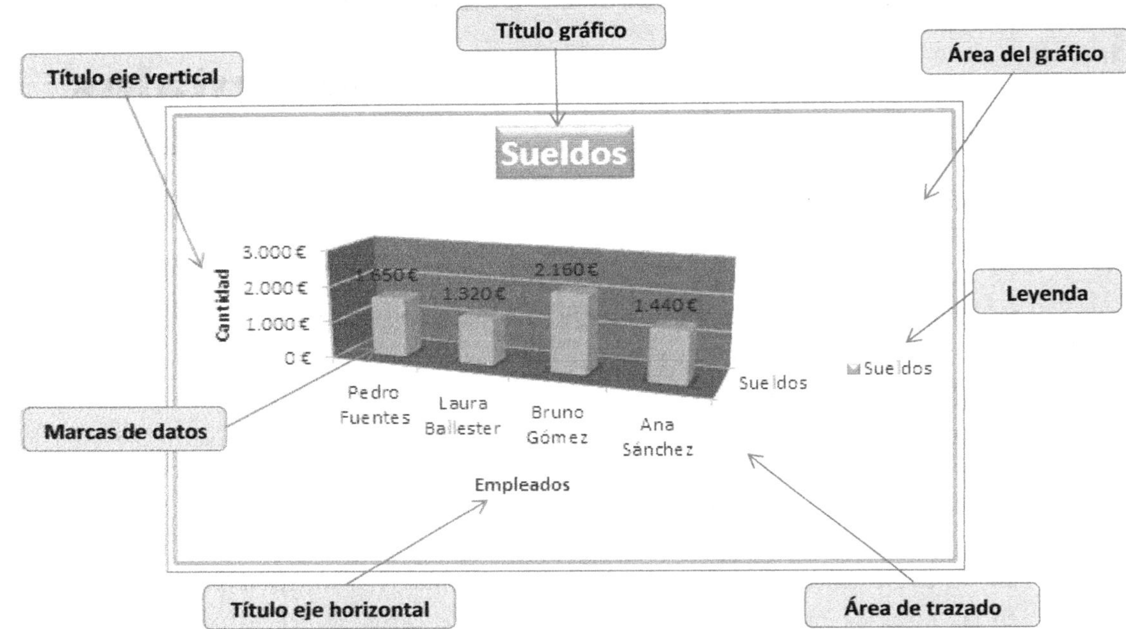

- **Título del gráfico:** es el texto que utilizaremos como encabezado del mismo.
- **Marcas de datos:** son los objetos utilizados para representar los datos. Por ejemplo, en el gráfico anterior son las barras 3D.
- **Leyenda:** es un recuadro con un texto que identifica las marcas de datos.
- **Ejes:** son las líneas perpendiculares que se usan como referencia para el gráfico. Si el gráfico es plano, habrá dos ejes: el eje x o eje de categorías y el eje y o eje de valores. Cuando trabajamos con gráficos en tres dimensiones, existirá un tercer eje.
- **Área del gráfico:** contiene todos los elementos del gráfico.
- **Área de trazado:** se refiere a la zona del gráfico donde se encuentran las marcas de datos y los ejes.
- **Marcas:** son las pequeñas líneas que aparecen en los ejes para graduarlos y se usan para definir el valor del eje en cada punto del mismo.
- **Líneas de cuadrícula:** son líneas horizontales y/o verticales que se ven al fondo del gráfico y que se utilizan para facilitar la observación de los valores que alcanzan las marcas de datos.

2. Creación

La inserción de gráficos resulta muy clarificadora a la hora de presentar los datos de las hojas de cálculo. Estos son unos elementos que se encargan de resumir visualmente los valores y resultados que implementamos en nuestros libros de trabajo.

Para ello vamos a conocer las aplicaciones que nos da el grupo de herramientas **Gráficos,** situado en la pestaña **Insertar** de la cinta de opciones.

Excel nos permite crear **gráficos incrustados**, que insertan dicho elemento dentro de una hoja como cualquier otro objeto (una imagen, un vínculo, una tabla etc.).

O bien crearlos como **hoja de gráfico**, creando una hoja de cálculo exclusiva para este fin. Su peculiaridad estriba en que este tipo de hojas no cuentan con celdas ni con otro tipo de objetos.

Para **insertar un gráfico,** seleccionaremos primero el rango de celdas que deseamos vuelquen sus valores en él.

A continuación, clicaremos dentro del grupo de herramientas **Gráficos** de la pestaña **Insertar,** en el botón desplegable que consideremos oportuno, según el tipo de representación que nos interese: **Columna, Línea, Circular, Barra, Área, Dispersión** u **Otros.**

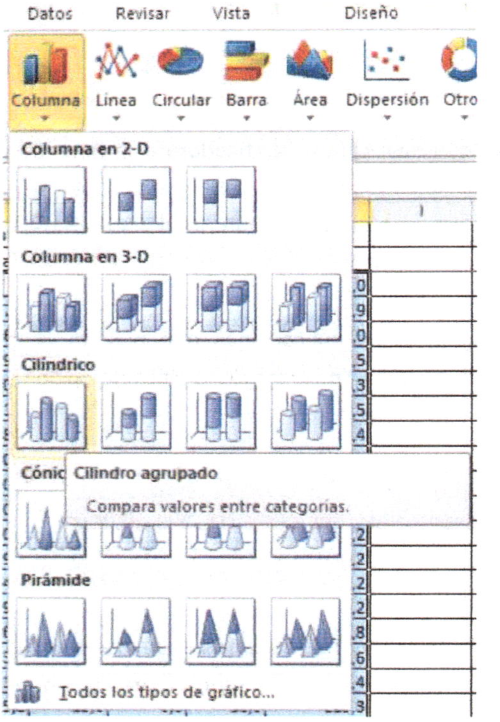

Excel nos da la opción de implementar una gran variedad de gráficos y diagramas de datos, como gráficos de columnas, de líneas, circulares, de barras, de área y superficie, de anillos, radiales, de dispersión, de cotizaciones, y de burbujas.

Podemos acceder a todos los tipos de gráficos, clicando en el botón situado en la esquina inferior derecha del grupo **Gráficos.**

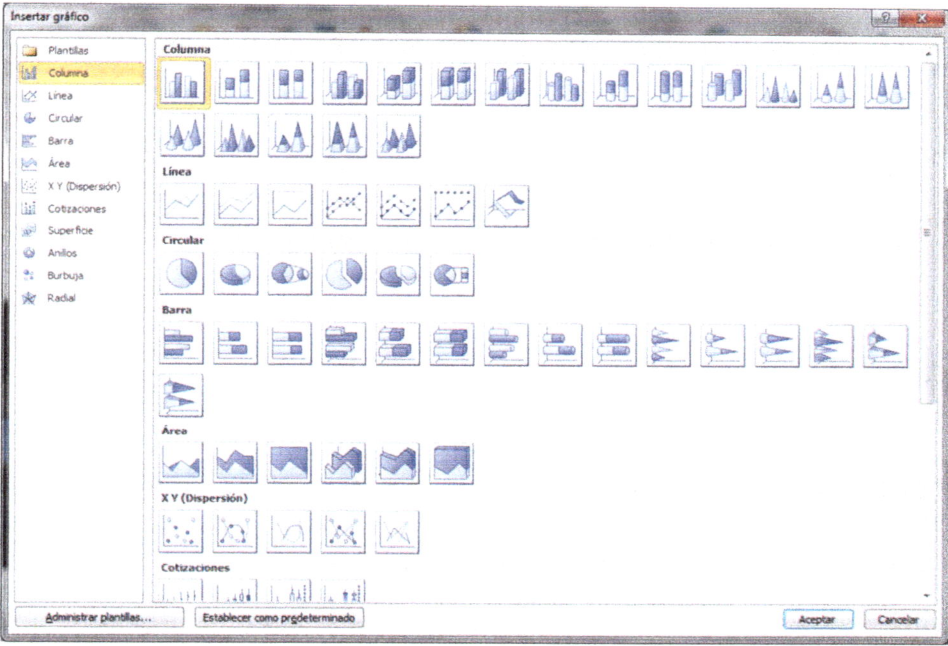

Si no se selecciona previamente un conjunto de celdas, al insertar el gráfico aparecerá un cuadro en blanco. En caso contrario, veremos en pantalla directamente el gráfico elegido con el volcado de los datos en él.

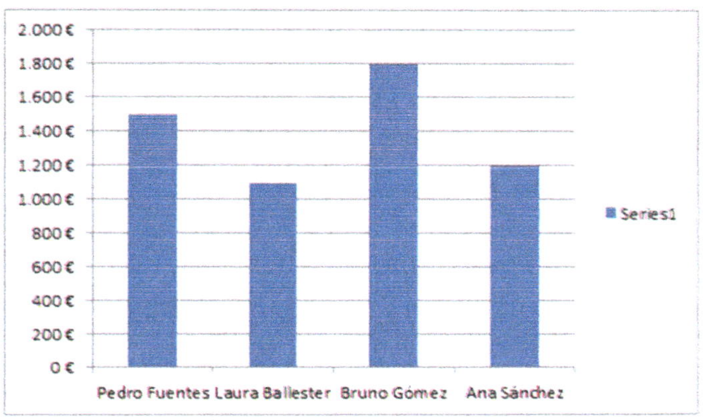

Minigráficos

Definición

Los **minigráficos** de Excel son pequeños gráficos de línea o barras que se ajustan dentro de una celda contigua a una colección de valores, de manera que son muy útiles para mostrar de forma visual su progresión.

Se trata de una novedad aparecida en la versión de 2010 muy sencilla de manejar y que aporta una información complementaria muy estética a las hojas de cálculo.

Para generarlos, iremos al grupo de herramientas **Minigráficos,** dentro de pestaña **Insertar,** donde podremos elegir de forma directa el tipo de gráfico que nos interese **(de Línea, Columna y de Ganancia o pérdida).**

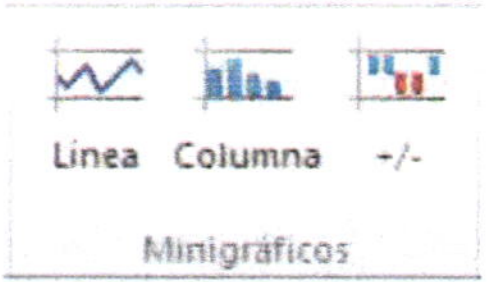

Aparecerá el cuadro de diálogo **Crear grupo minigráfico,** en el que seleccionaremos las celdas que deseamos que se vuelquen en los gráficos así como la ubicación de los mismos.

Esta herramienta visual se aplica para aportar información junto a las celdas, de ahí que solicite ambos rangos de selección:

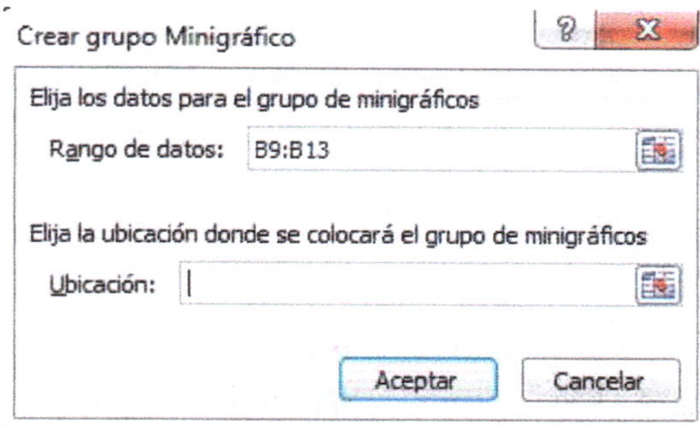

Una vez creado, Excel genera una nueva pestaña de herramientas, Diseño, dentro de Herramientas para minigráficos.

Desde esta pestaña podremos configurar de forma muy intuitiva distintos aspectos del diseño del gráfico.

Destaca la opción de poder elegir que se resalten el punto más alto y/o más bajo de una serie y el color que tomarían dichos elementos del gráfico.

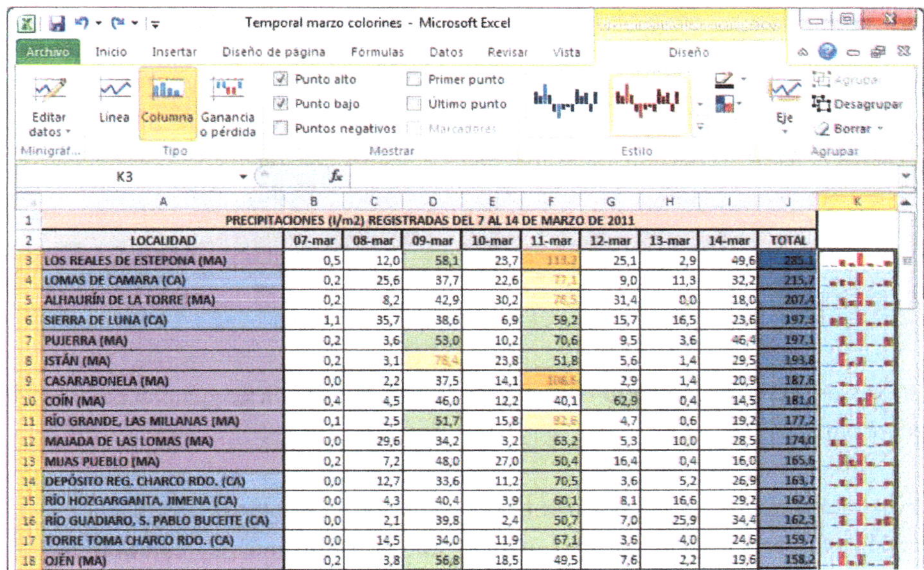

LOCALIDAD	07-mar	08-mar	09-mar	10-mar	11-mar	12-mar	13-mar	14-mar	TOTAL
LOS REALES DE ESTEPONA (MA)	0,5	12,0	58,1	23,7	113,2	25,1	2,9	49,6	285,1
LOMAS DE CAMARA (CA)	0,2	25,6	37,7	22,6	77,1	9,0	11,3	32,2	215,7
ALHAURÍN DE LA TORRE (MA)	0,2	8,2	42,9	30,2	78,5	31,4	0,0	18,0	207,4
SIERRA DE LUNA (CA)	1,1	35,7	38,6	6,9	59,2	15,7	16,5	23,6	197,3
PUJERRA (MA)	0,2	3,6	53,0	10,2	70,6	9,5	3,6	46,4	197,1
ISTÁN (MA)	0,2	3,1	78,4	23,8	51,8	5,6	1,4	29,5	193,8
CASARABONELA (MA)	0,0	2,2	37,5	14,1	106,8	2,9	1,4	20,9	187,6
COÍN (MA)	0,4	4,5	46,0	12,2	40,1	62,9	0,4	14,5	181,0
RÍO GRANDE, LAS MILLANAS (MA)	0,1	2,5	51,7	15,8	92,6	4,7	0,6	19,2	177,2
MAJADA DE LAS LOMAS (MA)	0,0	29,6	34,2	3,2	63,2	5,3	10,0	28,5	174,0
MIJAS PUEBLO (MA)	0,2	7,2	48,0	27,0	50,4	16,4	0,4	16,0	165,6
DEPÓSITO REG. CHARCO RDO. (CA)	0,0	12,7	33,6	11,2	70,5	3,6	5,2	26,9	163,7
RÍO HOZGARGANTA, JIMENA (CA)	0,0	4,3	40,4	3,9	60,1	8,1	16,6	29,2	162,6
RÍO GUADIARO, S. PABLO BUCEITE (CA)	0,0	2,1	39,8	2,4	50,7	7,0	25,9	34,4	162,3
TORRE TOMA CHARCO RDO. (CA)	0,0	14,5	34,0	11,9	67,1	3,6	4,0	24,6	159,7
OJÉN (MA)	0,2	3,8	56,8	18,5	49,5	7,6	2,2	19,6	158,2

Asimismo, de forma similar a la que estudiaremos para los gráficos, se puede rediseñar desde dicha pestaña el formato general del minigráfico.

3. Modificación

Cuando tenemos un gráfico seleccionado, la cinta de opciones se modifica, apareciendo una nueva pestaña llamada **Herramientas de gráficos.** Bajo ella tres pestañas: **Diseño, Presentación** y **Formato,** que nos permitirán modificar diversas opciones del gráfico insertado.

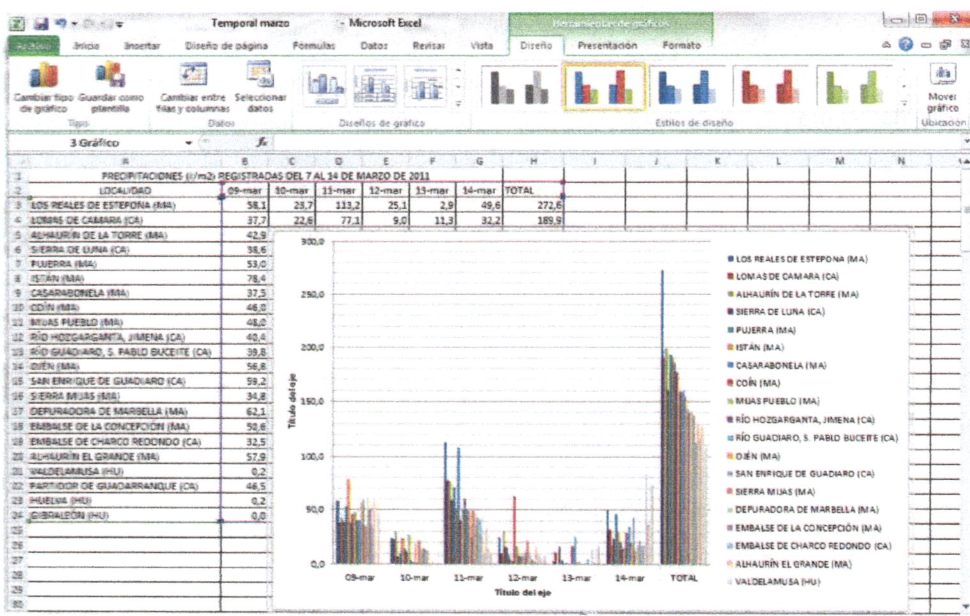

A través de la pestaña **Diseño** realizaremos las tareas de edición general del conjunto del gráfico.

Por ejemplo, mediante esta pestaña podemos volver a cambiar el tipo de gráfico si la elección realizada no nos parece la más adecuada. Clicaremos en **Cambiar tipo de gráfico** y activaremos el cuadro de diálogo correspondiente:

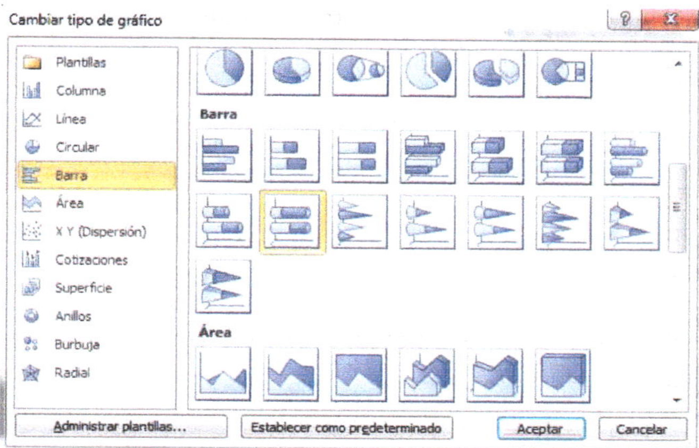

También podremos modificar el diseño y el estilo del tipo de gráfico seleccionado a partir de los botones desplegables **Diseño de gráfico** y **Estilos de diseño,** los cuales nos ofrecen ligeras variaciones dentro del formato que hemos seleccionado:

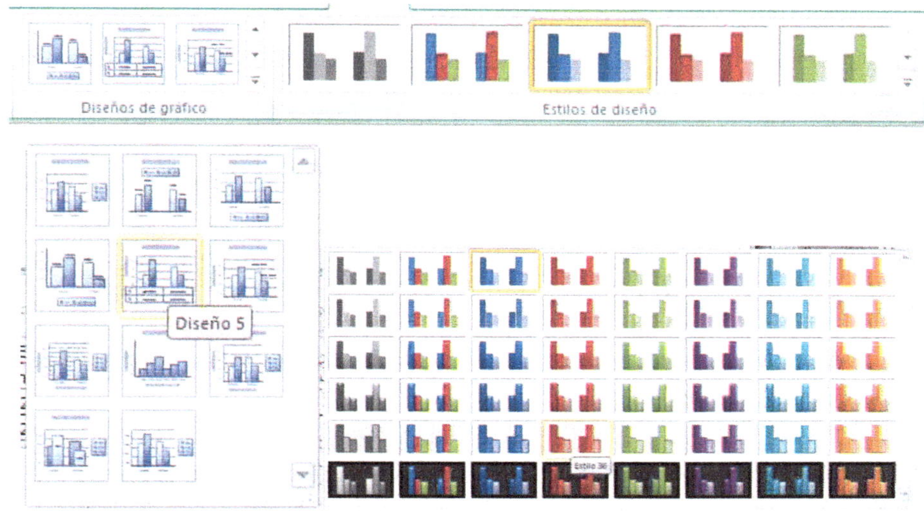

En la pestaña **Diseño** también encontramos el grupo de herramientas **Datos.** Con estos comandos podremos elegir qué datos queremos que aparezcan el gráfico, pudiendo en cualquier momento modificar los que hayamos ya aplicados en él.

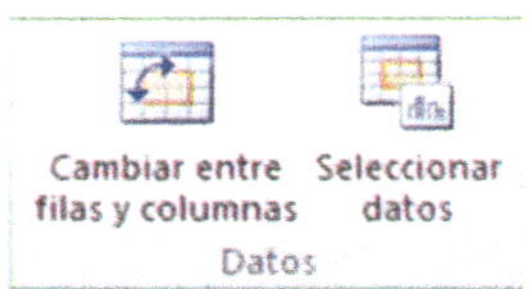

Así, mediante el botón **Seleccionar datos,** abrimos el cuadro de diálogo **Seleccionar origen de datos:**

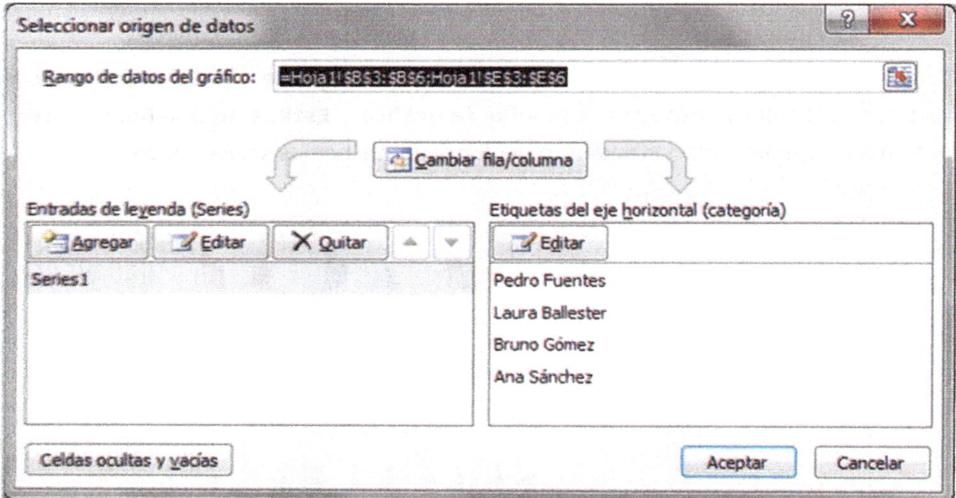

Dentro del campo **Rango de datos de gráfico** podemos seleccionar nuevamente las celdas que formarán parte del gráfico.

Con el botón **Editar** podremos modificar la leyenda que se mostrará en cada serie del gráfico.

Importante

Cada columna de la tabla de Excel se corresponde con una serie en el gráfico implementado.

El comando **Cambiar fila/columna** nos permite invertir los datos de las series, pasando las categorías de filas a columnas y viceversa.

A menudo, tendremos tablas con celdas sin datos que provocan que la representación del gráfico no sea óptima.

Para lograr que dichas celdas no aparezcan utilizaremos el comando **Celdas ocultas y vacías,** del cuadro de diálogo anterior, con cuyo cuadro de diálogo podremos qué acciones realizar con aquellas celdas sin datos.

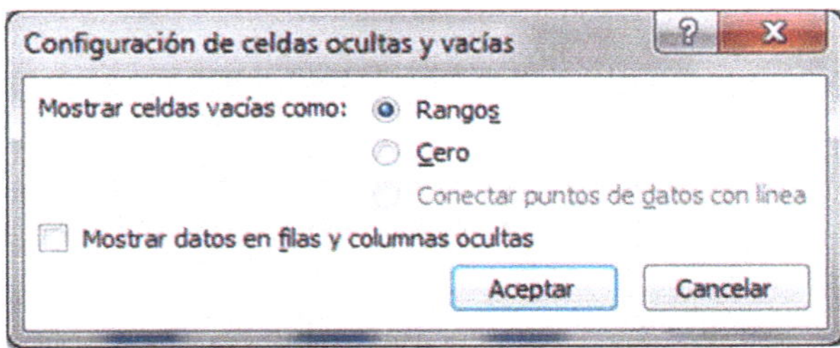

Dentro de esta pestaña **Diseño** contamos con el icono **Guardar como plantilla.** Con esta opción, novedad de Excel 2010, podremos guardar todos los cambios que hayamos realizado al personalizar nuestro gráfico para utilizarlo como base para futuros gráficos.

Desde la pestaña **Presentación** editamos aspectos más concretos del gráfico.

Por ejemplo, podemos editar el título general del gráfico **(Título del gráfico),** así como distintas etiquetas para cada una de las series insertadas, los valores de los datos de las filas o las columnas o las líneas que se disponen en los ejes verticales y horizontales entre otras características.

Al elegir el título del gráfico o el de los dos ejes, podemos seleccionar su posición relativa en el gráfico. Posteriormente, tendremos la oportunidad de escribir el texto.

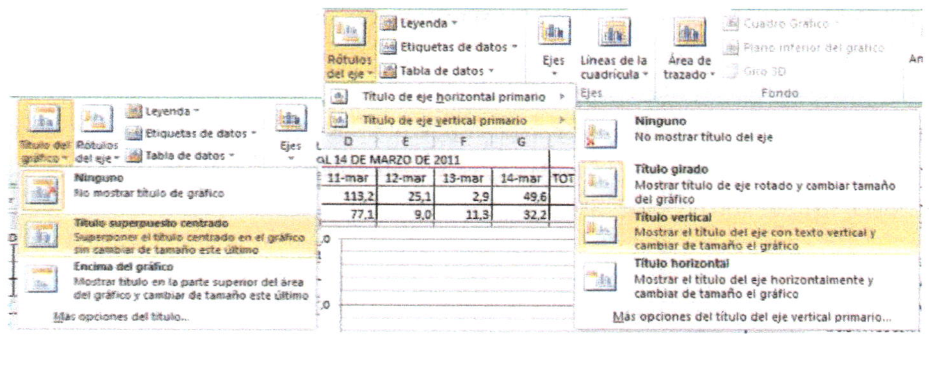

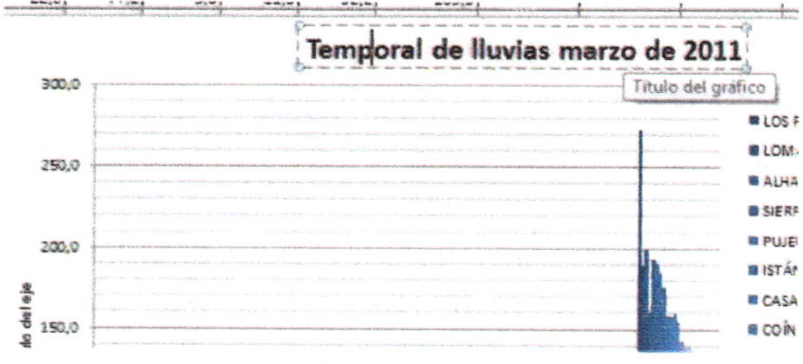

Mediante el botón **Leyenda** seleccionaremos en qué posición del gráfico aparecerá la posición de dicha información.

Como en los anteriores casos, eligiendo **Ninguno** no se colocará este elemento en el gráfico.

A través de **Más opciones de leyenda** se pueden editar opciones avanzadas sobre esta característica, pudiendo configurar detalles como el tipo de relleno, el color o estilo del borde, la iluminación o el sombreado.

 **Consejo**

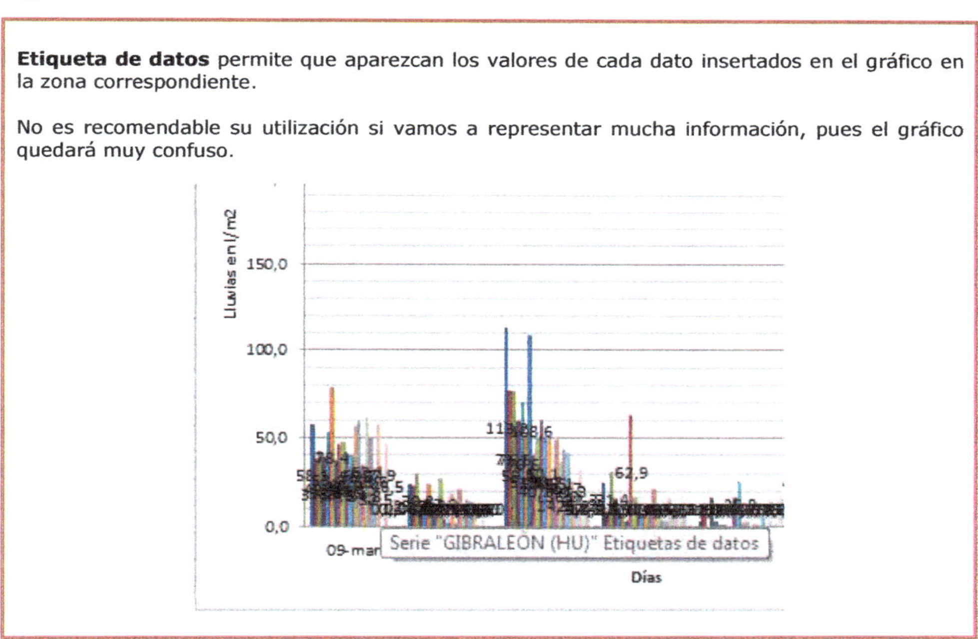

Etiqueta de datos permite que aparezcan los valores de cada dato insertados en el gráfico en la zona correspondiente.

No es recomendable su utilización si vamos a representar mucha información, pues el gráfico quedará muy confuso.

Tabla de datos servirá para insertar junto al gráfico la tabla de la que hemos sacado la información para realizarlo.

A través de los botones desplegables **Ejes** y **Líneas de cuadrícula,** del grupo de herramientas **Ejes,** se puede elegir qué ejes mostrar y si se desea representar las líneas de cuadrícula para interpretar los datos con una referencia.

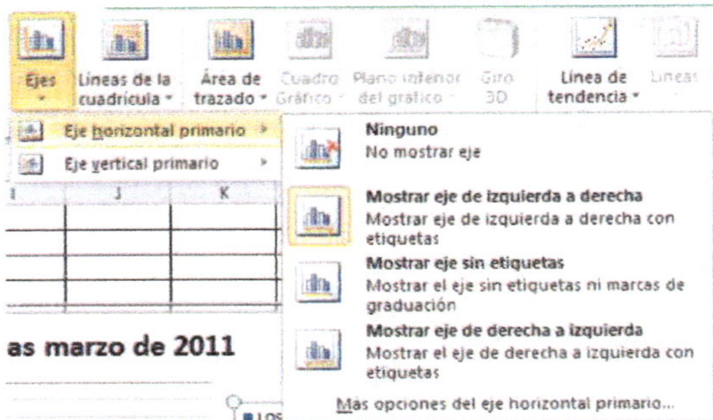

Ambos comandos nos ofrecen distintas opciones de configuración avanzadas, dando la opción de decidir el número de líneas que mostrar, si los ejes contarán o no con etiquetas, la escala que soportarán, etc.

Por último, a través de la pestaña **Formato** podremos editar distintos aspectos de diseño de cada uno de los elementos individuales que componen nuestro gráfico.

 **Consejo**

Las **opciones de configuración** son muy numerosas, se haría muy extenso en esta unidad detallar todas sus opciones.

Le recomendamos probar a editar distintos textos y figuras de los gráficos que vaya personalizando e ir modificando desde su color hasta su alineación, pasando por distintos efectos como sombras, reflejos, simulaciones 3D, etc.

Poco a poco irá dominando todo el potencial de gráficos en Excel 2010.

Además de todas las características de configuración que hemos revisado, es posible modificar el tamaño y la posición de un gráfico dentro de la hoja de cálculo, así como el de sus elementos dentro del conjunto del propio objeto.

Clicando con el ratón tanto en el gráfico como en su interior, Excel nos muestra en los bordes de cada elemento, unos pequeños controles cuadrados que servirán para modificar las proporciones.

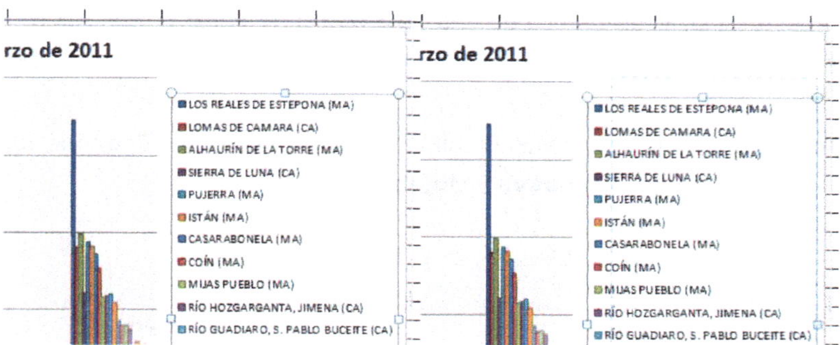

Arrastrando con el botón principal estos controles podemos modificar el tamaño de las leyendas, títulos, áreas de trazado, de una barra en particular del gráfico, del conjunto de gráfico, etc.

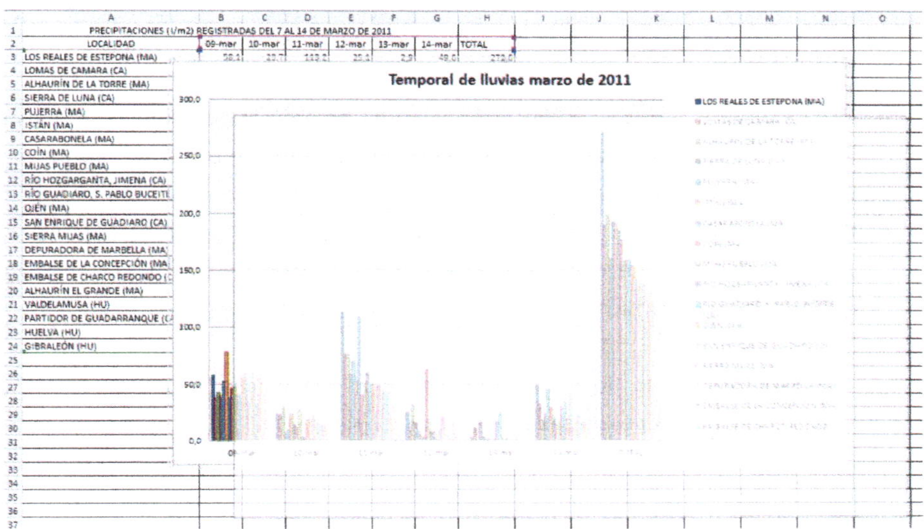

Para cambiar la posición, esperaremos a que el cursor cambie a una forma de cruz de flechas (que ya hemos visto en epígrafes anteriores para mover otros elementos). Arrastrando con el ratón colocaremos el elemento o el propio gráfico en la posición que deseemos en la hoja.

Si queremos desplazar un gráfico de una hoja a otra de nuestro libro, utilizaremos el botón **Mover gráfico** presente en la pestaña **Diseño** de **Herramienta de Gráficos.**

Con dicho comando, activaremos el Cuadro de diálogo **Mover gráfico,** que cuenta con dos botones de opción: **Hoja nueva** y **Objeto en.**

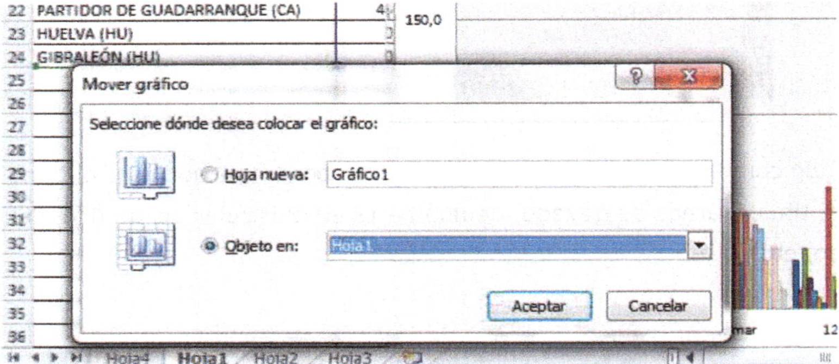

- > **Hoja nueva** traslada el gráfico creado a una hoja de cálculo nuevo de nuestro libro. En ese caso se mostrará sola en la nueva hoja, sin poder visualizar en la misma ventana de trabajo la selección de celdas que la generó.
- > **Objeto en** desplaza el gráfico a una hoja de cálculo del libro de trabajo abierto ya existente. En este caso, sí quedará compartiendo área de trabajo con las celdas que haya en dicha hoja, tengan o no otros datos.

Podremos desplazar por la hoja el gráfico en su nueva ubicación, como se explicó anteriormente, con ayuda de los cuadros de control y el ratón.

4. Borrado

Para borrar un gráfico, lo seleccionaremos haciendo clic con el botón principal del ratón en el contorno del área del gráfico. Pulsaremos la tecla **Suprimir.**

Comprobaremos cómo el gráfico se eliminará de la hoja de cálculo.

Resumen

Los **gráficos y minigráficos** suponen el formato definitivo para completar nuestros libros de trabajo. Estos elementos visuales de Excel 2010 utilizan una serie de potentes herramientas gráficas para poder resumir de forma perfecta la información de nuestros libros de trabajo.

A lo largo de esta unidad didáctica hemos aprendido a **crearlos, modificarlos y eliminarlos.**

Como hemos visto en estos apartados, **la metodología es muy intuitiva** y aunque el programa nos muestra múltiples opciones, siempre son fáciles de manejar y suelen darnos la posibilidad de mostrar los resultados en pantalla a medida que vamos avanzando.

Ejercicios de autoevaluación

1. ¿En qué parte del gráfico encontramos el texto que identifica las marcas de datos?

a) En la leyenda.

b) En los ejes.

c) En el título.

2. Las marcas de datos son...

a) Las marcas de graduación que sirven para determinar el valor de un eje en cada punto.

b) Líneas que aparecen al fondo del gráfico y que nos ayudan a distinguir los valores de las barras.

c) Ninguna respuesta es correcta.

3. Los minigráficos se insertan en...

a) El interior de las celdas.

b) Una hoja de cálculo exclusiva.

c) Cualquier rango de celdas que elijamos fuera de la selección que contiene los datos.

4. Para crear un minigráfico iremos al grupo de herramientas ___________ de la pestaña Insertar.

a) Gráficos.

b) Minigráficos.

c) Minis.

5. Para ver todos los tipos de gráficos que nos ofrece Excel, clicaremos en el botón...

a) Que aparece en la parte inferior derecha del grupo Gráficos.

b) Insertar gráfico.

c) Tipos de gráfico.

6. ¿En qué parte del gráfico encontramos las categorías del mismo?

a) En la leyenda.

b) En las marcas de graduación.

c) En el eje x.

7. Una vez creado un gráfico, no podremos modificar el tipo de gráfico elegido.

a) Verdadero.

b) Falso.

8. Los estilos del gráfico podremos modificarlos desde la pestaña...

a) Diseño.

b) Presentación.

c) Formato.

9. La pestaña Herramientas de gráficos aparecerá únicamente cuando tengamos un gráfico seleccionado.

a) Verdadero.

b) Falso.

10. Excel nos permite cambiar la posición de la leyenda.

a) Verdadero.

b) Falso.

U. D. 5. Impresión, ordenación, filtrado y protección básica de hojas y libros

Introducción

Muchos de los trabajos que realicemos necesitaremos imprimirlos. En esta unidad didáctica vamos a explicar los pasos a seguir para imprimir correctamente las hojas de cálculo en Excel.

Veremos además diferentes herramientas que nos permitirán realizar diversas funciones para ordenar, validar y filtrar los datos que conforman nuestras hojas de cálculo.

Por otro lado, las hojas de cálculo suelen albergar gran cantidad de información y fórmulas o funciones complejas, por lo que es muy importante proteger las hojas o los libros de trabajo para evitar la modificación o eliminación de datos por error. A continuación estudiaremos cómo realizar estas tareas con Excel.

1. Áreas de impresión

Las hojas de cálculo tendrán la extensión que necesitemos en cada momento, por lo que a la hora de imprimir en Excel tendremos que definir previamente la zona que deseamos imprimir.

Para determinar las zonas de impresión de manera sencilla, en primer lugar seleccionaremos las celdas que queramos imprimir.

Posteriormente, iremos al grupo **Configurar página** de la pestaña **Diseño de página.** Clicaremos en el botón **Área de impresión** y elegiremos **Establecer área de impresión.**

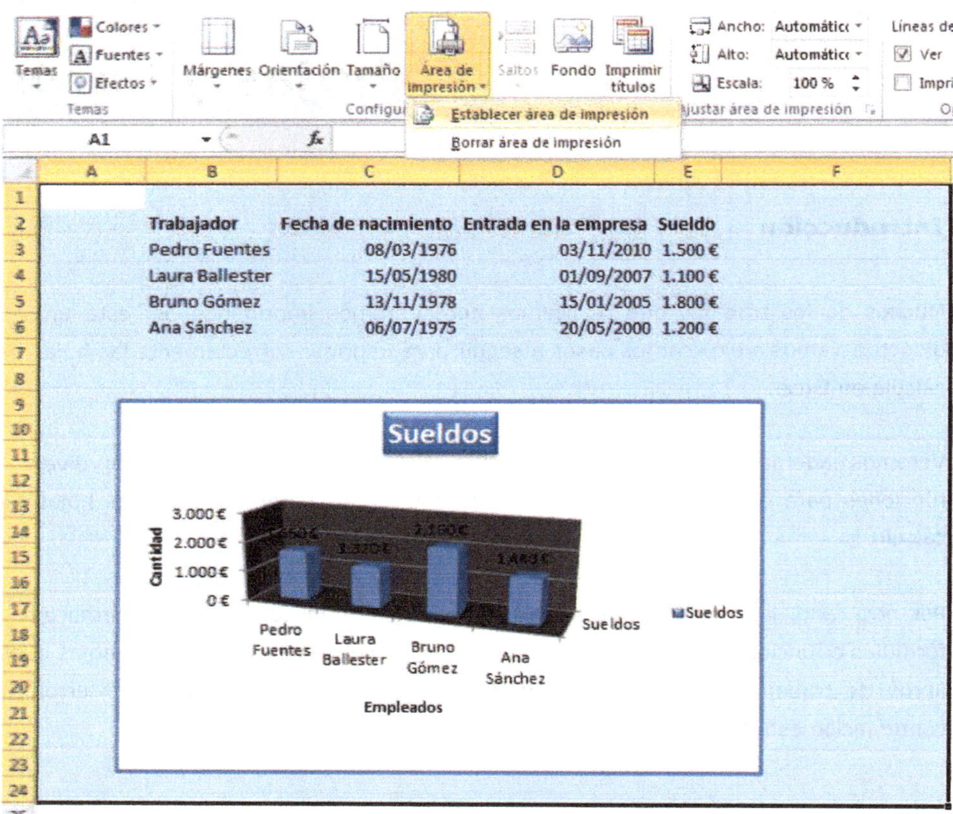

Una vez realizado esto, cuando vayamos a imprimir nuestra hoja de cálculo, sólo se imprimirán las zonas precisadas en esta opción.

2. Especificaciones de impresión

Una vez definidas las zonas de impresión, especificaremos qué imprimir y cómo desde la pestaña **Hoja** del cuadro de diálogo **Configurar página.**

Para abrir dicho cuadro de diálogo, clicaremos en la esquina inferior derecha del grupo de herramientas **Configurar página** de la pestaña **Diseño de página.** Clicaremos en la pestaña **Hoja** para mostrarla.

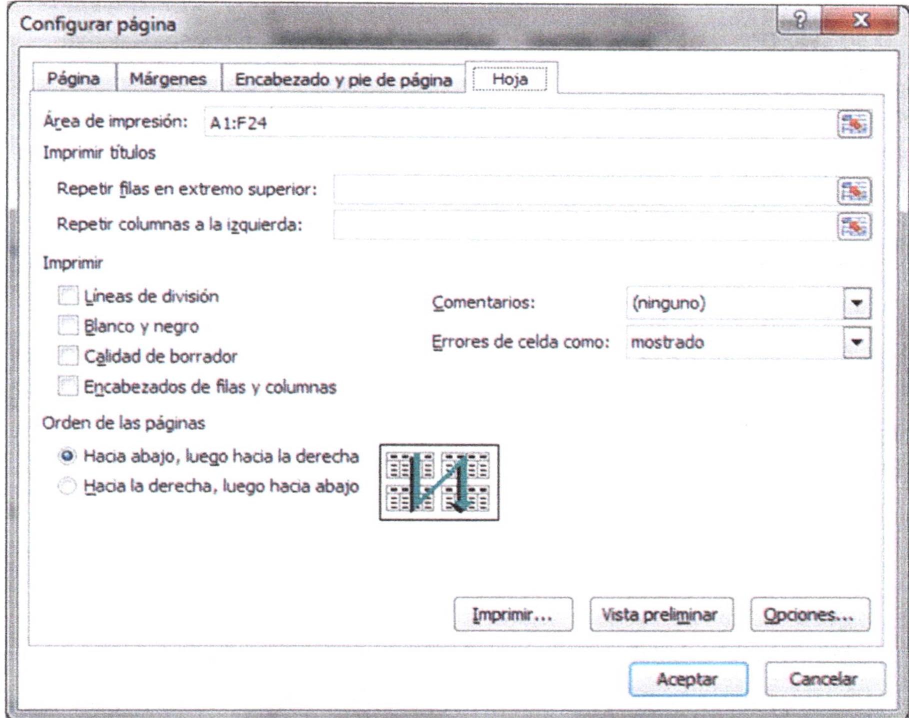

En **Área de impresión** vemos cómo aparece el rango de celdas que habíamos definido previamente.

La sección **Imprimir títulos** es muy útil en caso de que queramos imprimir hojas de cálculo muy extensas.

Si tenemos muchas filas y al imprimir aparece más de una página, podremos imprimir los títulos de las columnas en todas las páginas. Para ello, seleccionaremos las celdas con los títulos en **Repetir filas en extremo superior.**

En caso de tener muchas columnas y al imprimir aparezca más de una página, podremos imprimir la primera columna para usarla como referencia en todas las páginas. Para ello, seleccionaremos las celdas elegidas en **Repetir columnas a la izquierda.**

En la sección **Imprimir** Excel nos ofrece diversas opciones que podemos activar.

Por último, en **Orden de las páginas** decidiremos si imprimir primero hacia abajo y luego hacia la derecha o al revés.

3. Configuración de página

En los siguientes epígrafes estudiaremos las herramientas que nos ofrece Excel en el grupo **Configurar página** de la pestaña **Diseño de página,** con las que modificaremos las propiedades necesarias para obtener una buena presentación de la hoja de cálculo a la hora de imprimir.

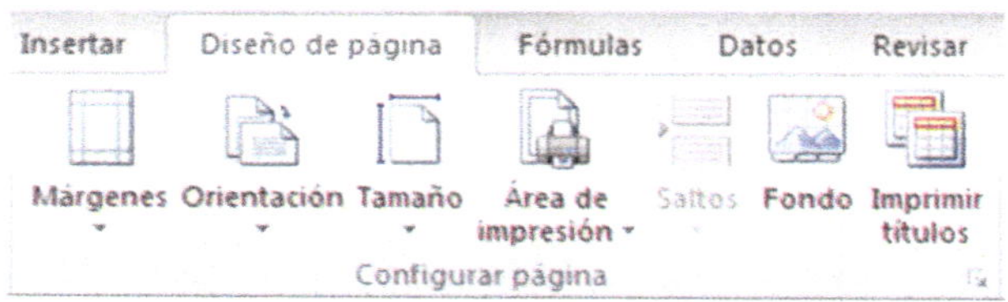

3.1. Márgenes

El primer parámetro que podemos configurar en nuestro documento es el **tamaño de los márgenes,** es decir, el área que tenemos en los bordes del papel en la que no podremos escribir.

Haciendo clic en el botón **Márgenes** podemos desplegar una lista de márgenes predeterminados que recogen la mayoría de las soluciones que nos pueden interesar para nuestra hoja de cálculo.

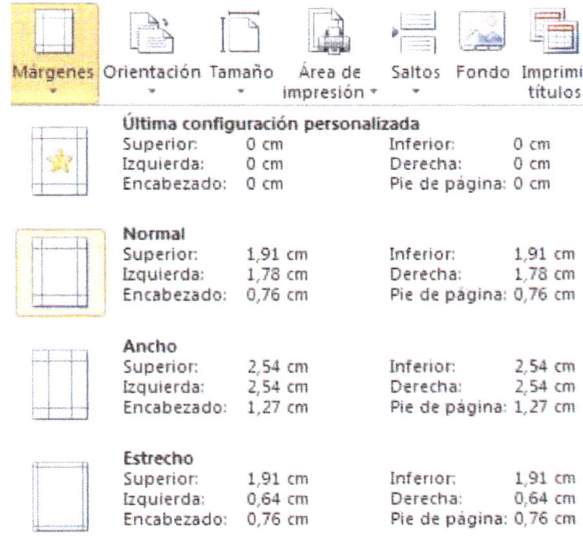

Si no nos interesa ninguno de los márgenes que nos propone Excel, podremos configurar unos propios, mediante la opción **Márgenes personalizados.**

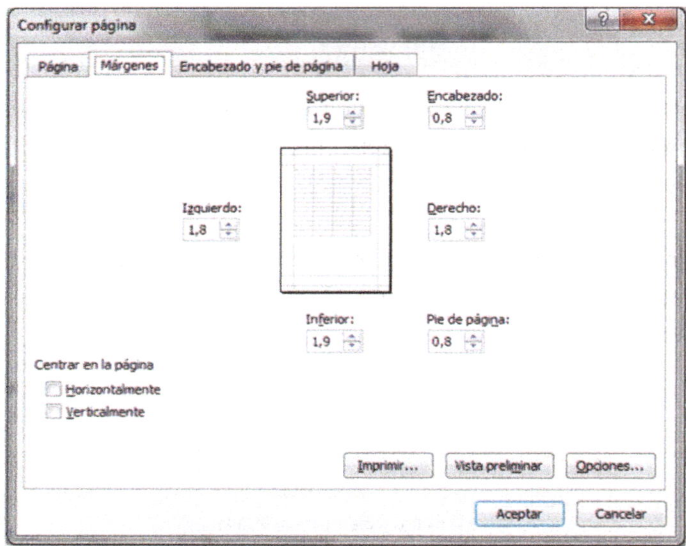

Desde este cuadro de diálogo podremos **modificar los márgenes** superior, inferior, derecho e izquierdo. Asimismo, Excel nos permite cambiar el espacio reservado para el **Encabezado** o **Pie de página.**

Activamos las opciones de **Centrar en la página** podremos centrar el contenido de la hoja tanto horizontalmente como verticalmente.

3.2. Orientación

La siguiente opción de Configurar página es la **Orientación del papel.** Clicando en el botón Orientación se despliega un pequeño panel en el que podemos elegir la hoja de nuestro documento se orienta en formato vertical u horizontal.

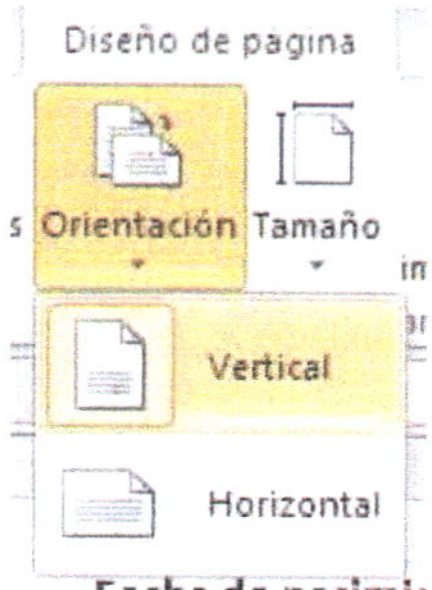

3.3. Encabezados y pies y numeración de página

Para definir un encabezado y/o pie de página, clicaremos en el botón que se encuentra en la esquina inferior derecha del grupo **Configurar página.** Esto abrirá el cuadro de diálogo del mismo nombre.

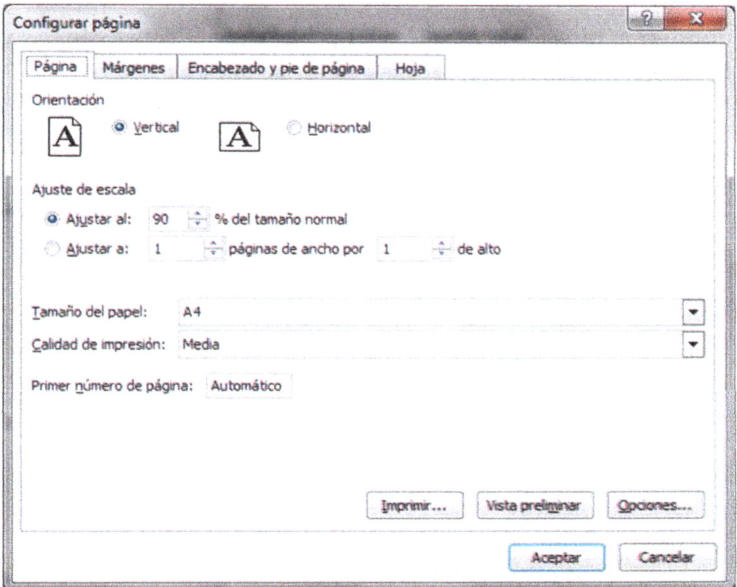

A continuación, clicamos en la pestaña **Encabezado y pie de página.**

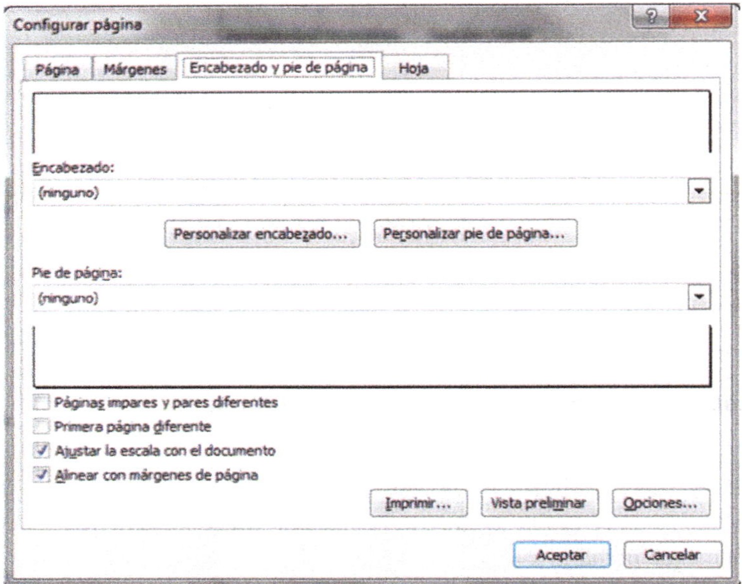

El **encabezado** es el texto que aparece en la parte superior de las páginas y el **pie de página** es el texto impreso en la parte inferior de las mismas.

En este cuadro de diálogo veremos los encabezados y/o pies asignados a la página. En este caso los recuadros están vacíos, ya que no hemos definido ninguno.

Clicando en la flecha de los desplegables **Encabezado** o **Pie de página** accederemos a diferentes opciones que nos sugiere Excel.

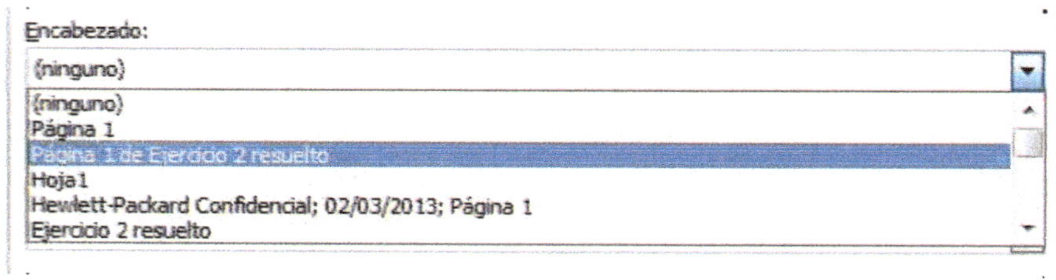

Si queremos **modificar el encabezado o pie elegido,** o simplemente queremos crear uno propio desde cero, clicaremos en el botón **Personalizar encabezado** o **Personalizar pie de página,** respectivamente.

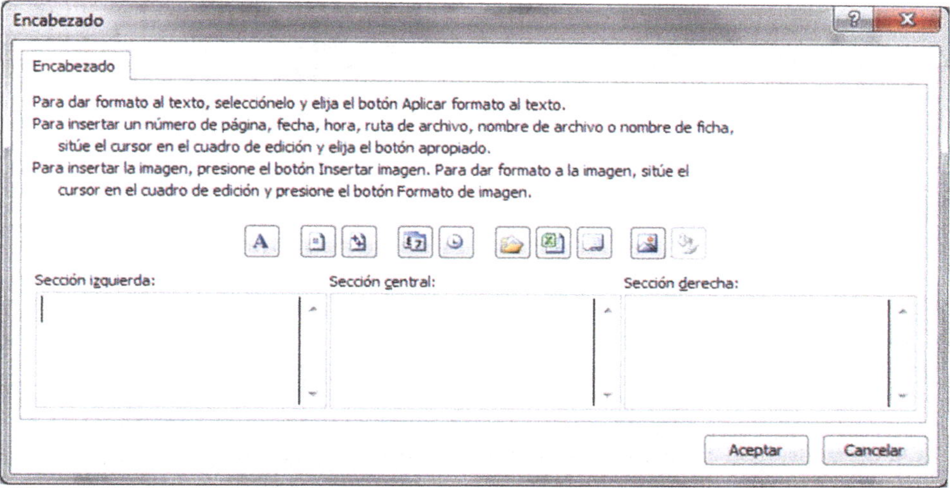

Desde este cuadro de diálogo modificaremos el encabezado o pie a nuestro antojo, mediante los botones que nos proporciona Excel.

En la parte superior del cuadro de diálogo, el programa nos ofrece una descripción de los pasos a seguir para trabajar con dichos botones.

4. Vista preliminar

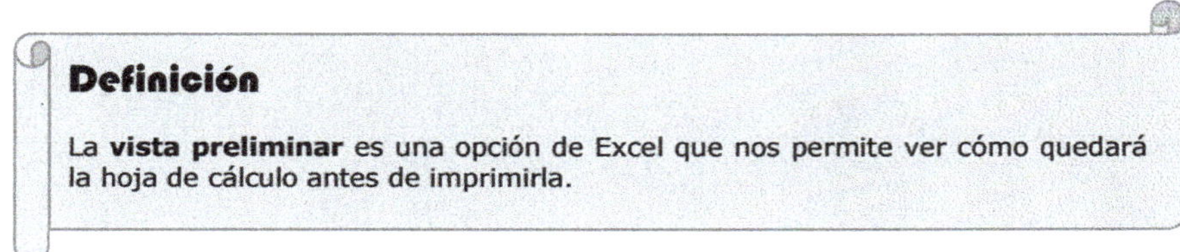

Definición

La **vista preliminar** es una opción de Excel que nos permite ver cómo quedará la hoja de cálculo antes de imprimirla.

Para acceder a ella, iremos al submenú **Imprimir** de la pestaña **Archivo.**

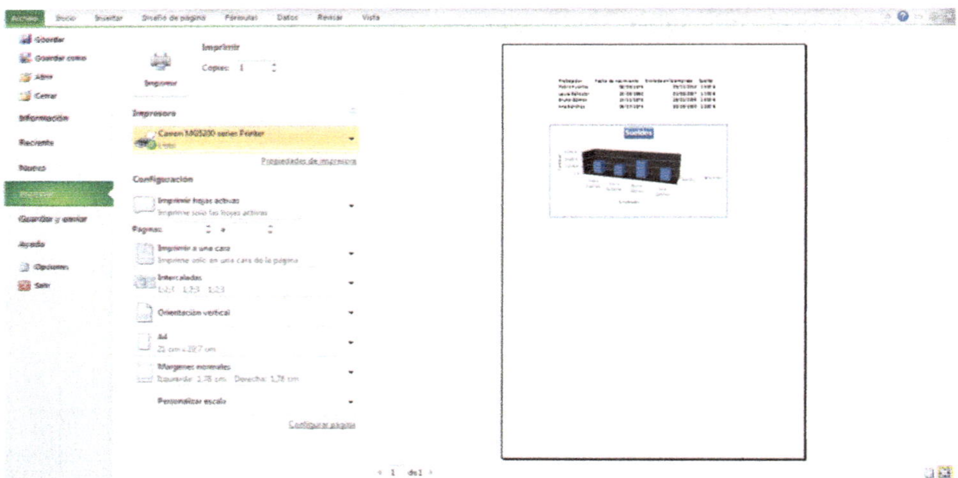

En la parte derecha de la ventana se mostrará la vista preliminar. Si hubiera más de una página, podríamos visualizarlas todas clicando en el botón **Página anterior** o **Página siguiente** de la parte inferior de la ventana.

Los botones que aparecen en la esquina inferior derecha nos permitirán **mostrar los márgenes** de impresión y hacer **zoom** sobre el contenido a imprimir.

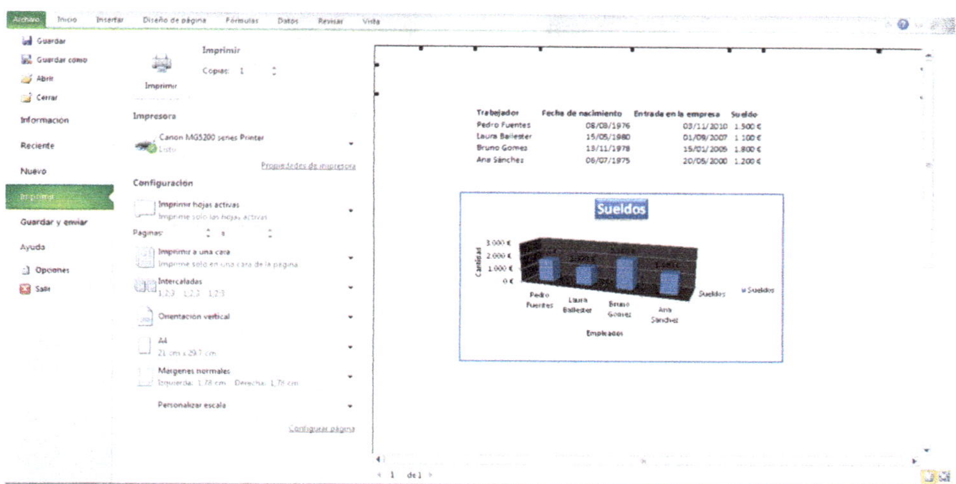

Si la vista preliminar es correcta, clicaremos en el botón **Imprimir** para realizar la impresión.

5. Formas de impresión

Desde este mismo submenú **Imprimir** de la pestaña **Archivo** podremos configurar las formas de impresión de Excel, desde la parte izquierda de la ventana.

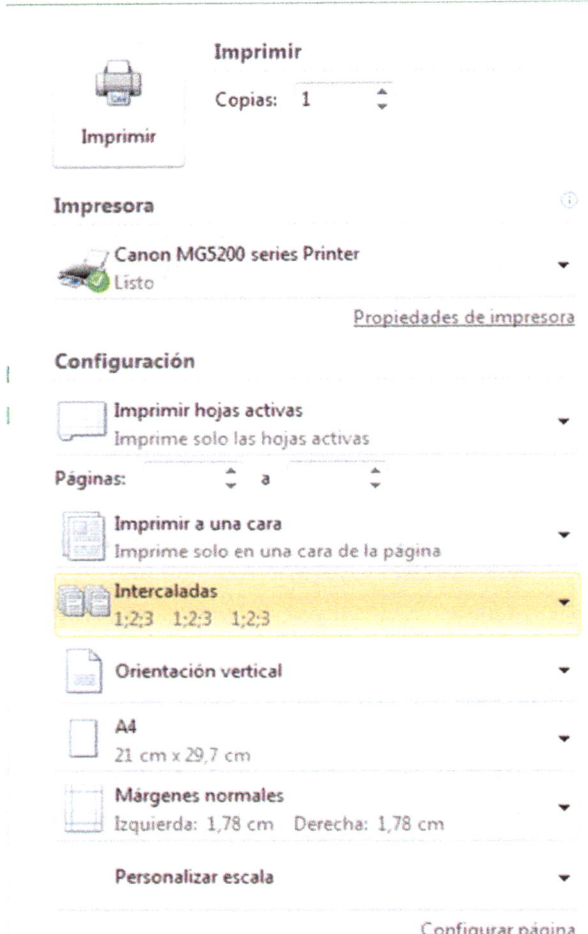

En la sección **Imprimir** elegiremos el número de copias a imprimir, y en el grupo **Impresora,** el tipo de impresora y sus propiedades.

Desde la sección **Configuración** podemos elegir las hojas que queremos imprimir: las hojas activas, todo el libro, sólo lo que tengamos seleccionado o el intervalo que definamos en el campo **Páginas.**

Decidiremos si imprimir a una sola cara o a doble cara.

El campo **Intercaladas** se utiliza si queremos que, al imprimir varias copias, se imprima de forma completa e independiente cada una de las copias. Si, por el contrario, preferimos que se impriman todas las páginas 1, después todas las 2…, tendremos que elegir **Sin intercalar.**

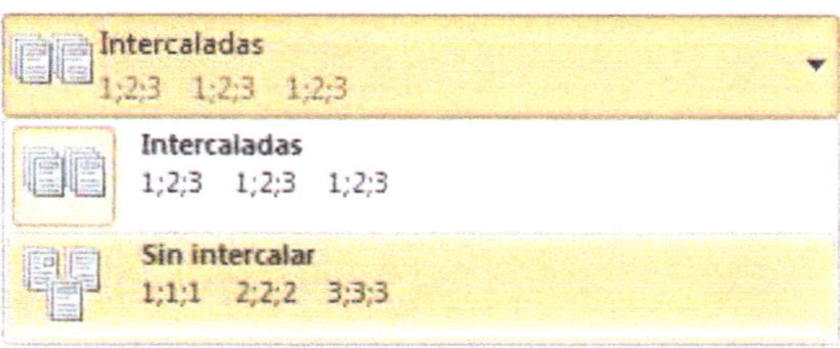

Las últimas opciones: **orientación, tamaño y márgenes,** así como **Configurar página,** nos permiten modificar rápidamente estas opciones.

6. Configuración de impresora

Dentro de **Archivo/Imprimir,** en la sección de la ventana **Impresora,** al elegir la impresora podremos ver y modificar sus propiedades clicando en **Propiedades de impresora.**

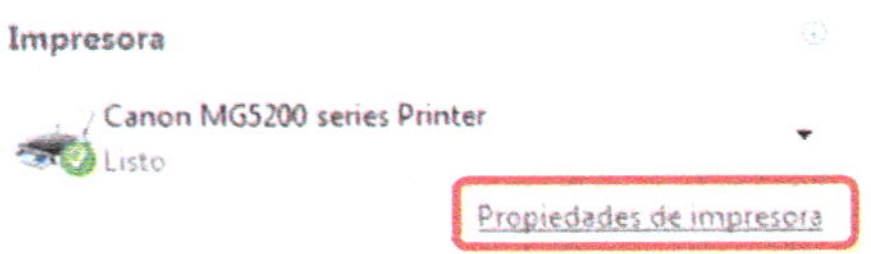

Aparecerá entonces un cuadro de diálogo del mismo nombre donde podremos configurar todas las opciones que necesitemos. Si tenemos varias impresoras instaladas, este botón se desplegará mostrando las distintas impresoras conectadas a nuestro equipo.

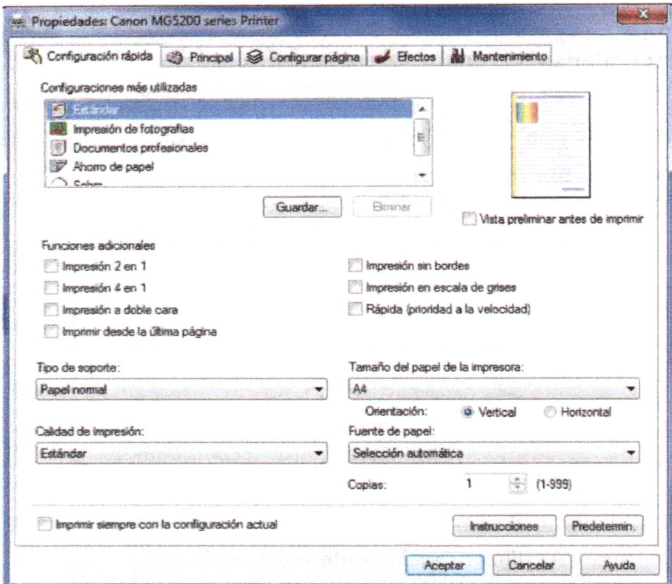

Una vez que hayamos configurado nuestra página y comprobado que todo es correcto en la vista previa de impresión, simplemente escribiremos el número de copias que necesitamos y clicaremos en **Imprimir.**

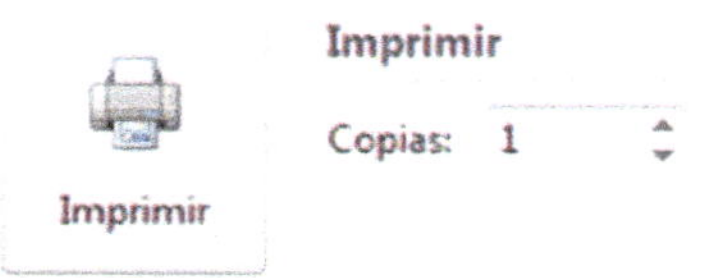

7. Ordenación de lista de datos por uno o varios campos

La siguiente herramienta de tratamiento de datos que analizamos es **Ordenar datos,** un comando muy útil cuando disponemos de una gran cantidad de valores que necesitamos ordenar, para poder sacar conclusiones sobre la información que representa la serie.

Excel nos permite realizar distintos tipos de ordenaciones desde el botón **Ordenar y filtrar** del grupo de herramientas **Modificar** de la pestaña **Datos.**

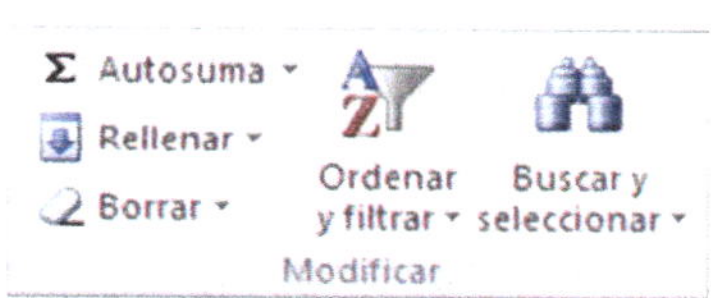

Una forma rápida de ordenar una columna seleccionada es a través de las dos primeras opciones del botón desplegable:

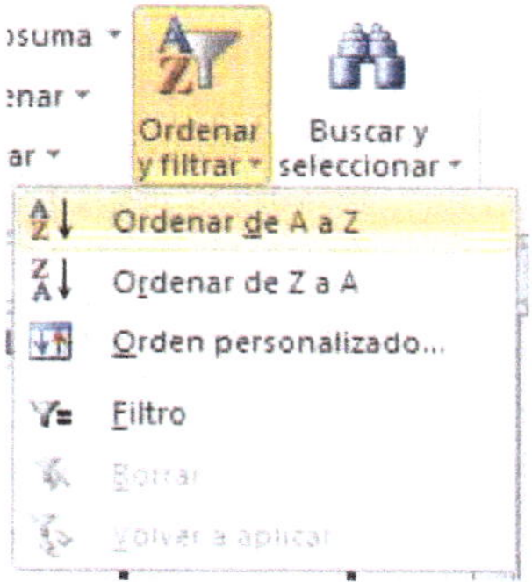

- **Ordenar de A a Z** ordena los valores de menor a mayor.
- **Ordenar de Z a A** ordena de mayor a menor.

Consejo

Al ordenar una columna rodeada de otras columnas con datos, Excel nos advierte de que esos otros datos no se ordenarán. Es decir, si no ampliamos la selección, ordenaremos de mayor a menor (o viceversa) los valores de una columna determinada sin que lo hagan al unísono el resto de las columnas. En ese caso, las relaciones de datos entre filas se modificarán.

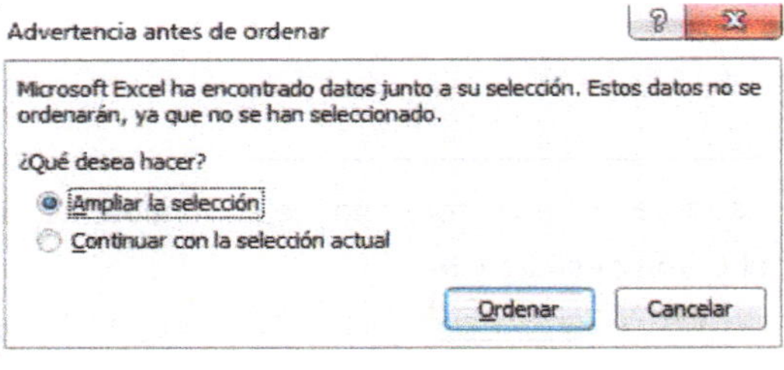

Clicando en **Orden personalizado** podemos realizar estas y otras funciones de ordenación sobre todos los valores que tengamos en una hoja de cálculo.

N.E.	LOCALIDAD	07-mar	08-mar	09-mar	10-mar	11-mar	12-mar	13-mar	14-mar	TOTAL
1	SIERRA MIJAS (MA)	0,6	4,4	34,8	21,3	49,1	21,4	0,2	12,4	144,2
2	SIERRA DE LUNA (CA)	1,1	35,7	38,6	6,9	59,2	15,7	16,5	23,6	197,3
3	EMBALSE DE CHARCO REDONDO (CA)	0,0	21,7	32,5	13,8	41,3	3,2	5,4	17,2	135,1
4	DEPÓSITO REG. CHARCO RDO. (CA)	0,0	12,7	33,6	11,2	70,5	3,6	5,2	26,9	163,7
5	TORRE TOMA CHARCO RDO. (CA)	0,0	14,5	34,0	11,9	67,1	3,6	4,0	24,6	159,7
6	LOS REALES DE ESTEPONA (MA)	0,5	12,0	58,1	23,7	113,2	25,1	2,9	49,6	285,1
7	DEPÓSITO DI-1 (CA)	0,2	2,1	41,8	1,3	18,9	2,4	7,1	22,8	96,6
8	EMBALSE DE GUADARRANQUE (CA)	0,2	4,2	45,7	4,1	37,8	6,4	2,8	36,6	137,8
9	RÍO HOZGARGANTA, JIMENA (CA)	0,0	4,3	40,4	3,9	60,1	8,1	16,6	29,2	162,6
10	LOMAS DE CAMARA (CA)	0,2	25,6	37,7	22,6	77,1	9,0	11,3 €	32,2	215,7
11	RÍO GUADIARO, S. PABLO BUCEITE (CA)	0,0	2,1	39,8	2,4	50,7	7,0	25,9 €	34,4	162,3
12	MAJADA DE LAS LOMAS (MA)	0,0	29,6	34,2	3,2	63,2	5,3	10,0	28,5	174,0
13	RÍO GENAL, JUBRIQUE (MA)	0,0	1,0	45,1	4,5	18,9	5,2	8,4	25,6	108,7
14	PUJERRA (MA)	0,2	3,6	53,0	10,2	70,6	9,5	3,6	46,4	197,1
15	CUEVAS DEL BECERRO (MA)	0,0	0,1	36,2	1,3	6,2	2,1	8,9	12,7	67,5
16	EMBALSE DE LA CONCEPCIÓN (MA)	0,0	1,4	50,6	14,9	43,7	4,5	1,2	22,7	139,0
17	OJÉN (MA)	0,2	3,8	56,8	18,5	49,5	7,6	2,2	19,6	158,2

El comando trabajará sobre todos los datos que tengamos en la hoja de cálculo, no sólo sobre una columna determinada. Para ello se abre el cuadro de diálogo **Ordenar.**

Si nuestro conjunto de datos tiene encabezado, Excel detecta esos campos de información para facilitarnos el proceso de ordenación.

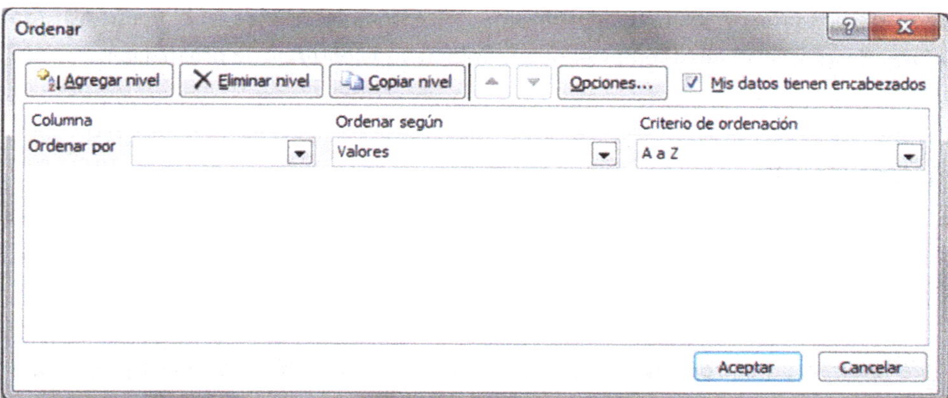

En **Ordenar por** elegiremos la columna que marcará el criterio de ordenación. El resto de columnas se adaptará a él de forma que toda la tabla seguirá teniendo sentido, manteniéndose la relación de datos por filas.

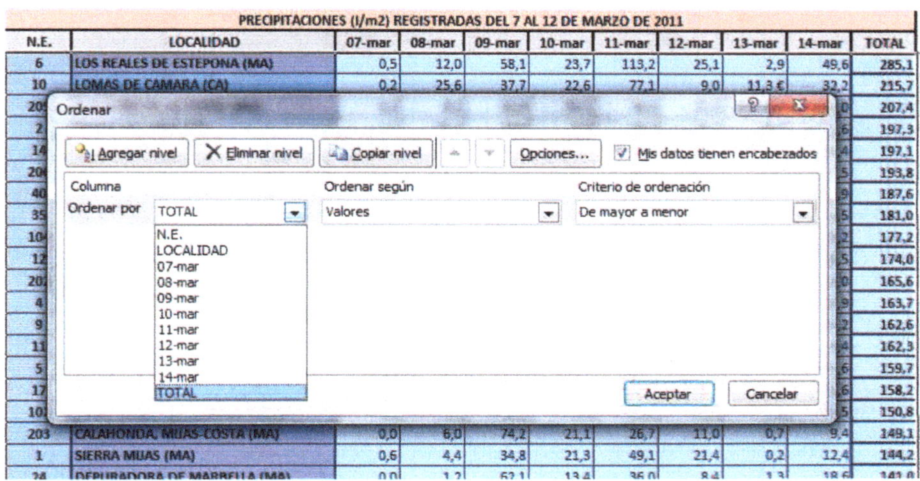

Observe como en el ejemplo ordenamos la tabla respecto a la columna Total, de mayor a menor, pero sin que se pierda coherencia entre los datos de las distintas filas, pues Excel los modifica a la par que en la columna criterio.

Si queremos ordenar los datos por más de un campo, clicaremos en el botón **Agregar nivel.** En este nivel añadiremos el nuevo campo y los criterios de ordenación.

8. Uso de filtros

Las tablas en Excel nos permiten filtrar los datos fácilmente mediante los encabezados de columna.

Para utilizar un filtro, simplemente pincharemos en la flechita que aparece a la derecha de cada encabezado y elegiremos la opción que nos interese del menú desplegable.

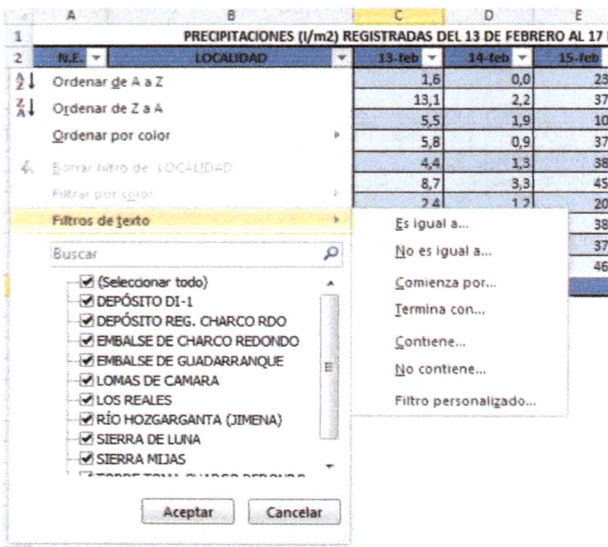

Podemos ordenar por orden alfabético o color, o filtrar los datos, bien introduciendo el filtro que nos interese en el campo **Buscar,** o bien activando únicamente las casillas deseadas.

Los filtros de texto nos pueden resultar útiles si no poseemos demasiada información sobre lo que estamos buscando.

Ejemplo

Si sólo queremos ver los datos de precipitaciones acumulados en la estación de la Sierra de Mijas, dejaremos activa únicamente esa casilla, al clicar en **Aceptar,** la tabla quedará de la siguiente manera:

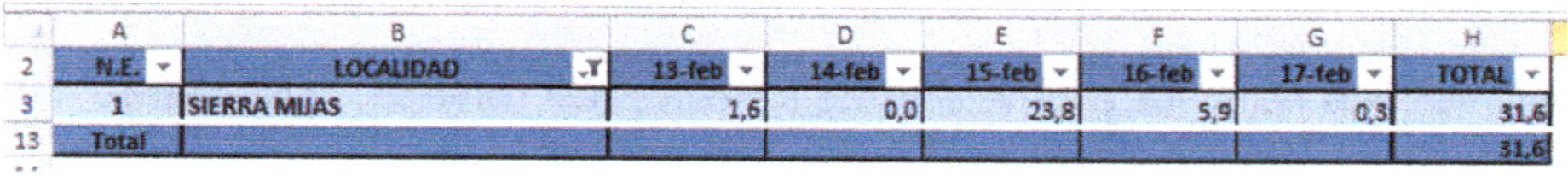

	A	B	C	D	E	F	G	H
2	N.E.	LOCALIDAD	13-feb	14-feb	15-feb	16-feb	17-feb	TOTAL
3	1	SIERRA MIJAS	1,6	0,0	23,8	5,9	0,3	31,6
13	Total							31,6

También podremos utilizar los filtros de Excel en datos que no hayamos convertido a tabla, siempre y cuando tenga encabezados.

En la imagen siguiente tenemos una serie de datos introducidos en las celdas que no son una tabla.

Trabajador	Fecha de nacimiento	Entrada en la empresa	Sueldo
Pedro Fuentes	08/03/1976	03/11/2010	1.500 €
Laura Ballester	15/05/1980	01/09/2007	1.100 €
Bruno Gómez	13/11/1978	15/01/2005	1.800 €
Ana Sánchez	06/07/1975	20/05/2000	1.200 €

Para aplicar el filtro, seleccionaremos los encabezados e iremos al botón **Ordenar** y filtrar del grupo **Modificar** de la pestaña **Inicio.** Elegiremos **Filtro.**

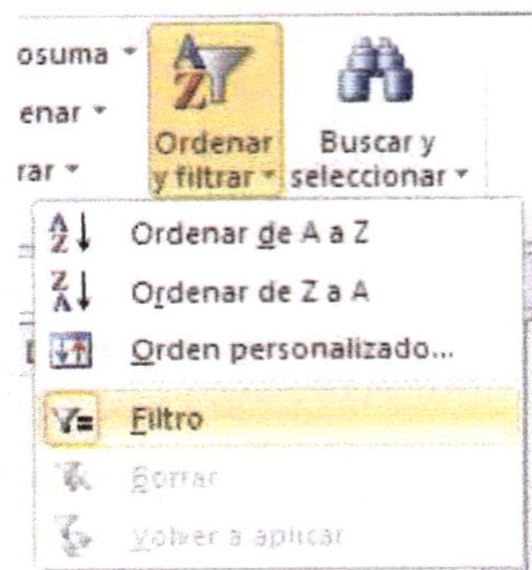

Observaremos cómo los encabezados de los datos han cambiado, apareciendo ahora una flecha en la parte derecha de cada celda.

Trabajador	Fecha de nacimiento	Entrada en la empresa	Sueldo
Pedro Fuentes	08/03/1976	03/11/2010	1.500 €
Laura Ballester	15/05/1980	01/09/2007	1.100 €
Bruno Gómez	13/11/1978	15/01/2005	1.800 €
Ana Sánchez	06/07/1975	20/05/2000	1.200 €

Al desplegar cada lista, podremos filtrar la información de la misma manera que la explicada para las tablas.

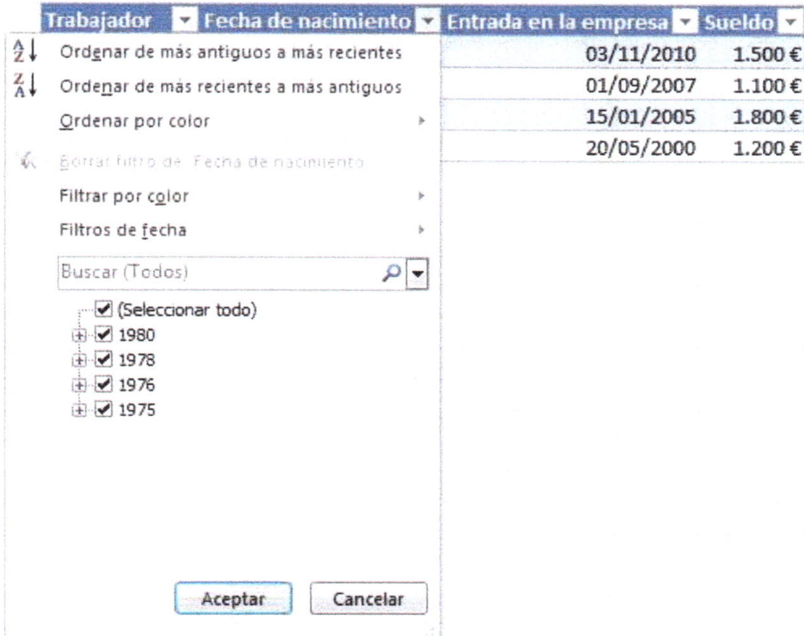

Para quitar los filtros, volveremos a pulsar en el botón **Filtro.**

9. Protección de una hoja de cálculo

Excel nos permite proteger la hoja de cálculo para evitar que se realicen cambios no deseados en sus datos.

Para proteger una hoja de cálculo, clicaremos en el botón **Proteger hoja** del grupo **Cambios** de la pestaña **Revisar.**

Aparece un cuadro de diálogo del mismo nombre, donde activaremos las casillas que nos interese, según los permisos que queramos dar a los usuarios de la hoja de cálculo.

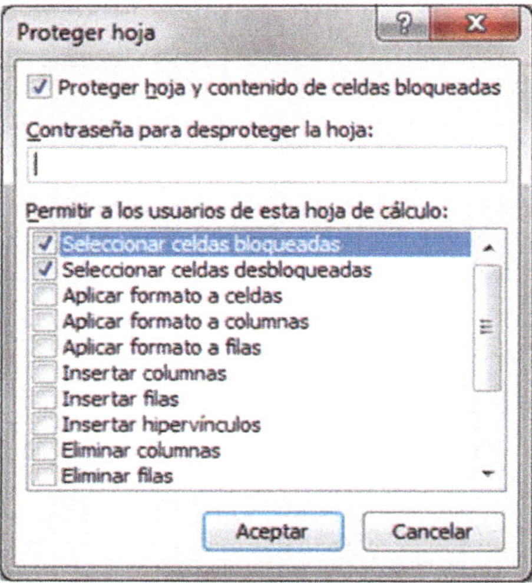

Al proteger la hoja, se impedirá que se puedan editar las celdas bloqueadas.

Hay que tener en cuenta que en Excel, por defecto, todas las celdas están bloqueadas.

10. Protección de un libro

Excel nos ofrece una función que nos permite controlar los libros de trabajo. Nos referimos a la protección de los libros, de forma que es posible regular los tipos de modificaciones que pueden llevar a cabo los editores que puedan participar en un libro.

Encontraremos estas opciones en el submenú **Información** de la pestaña **Archivo.**

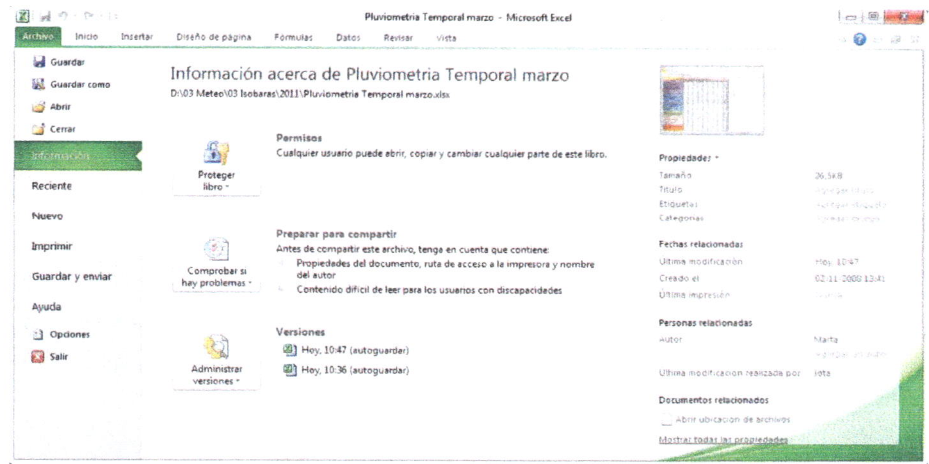

En la parte central, en la sección **Permisos,** encontramos el botón **Proteger libro,** con el que es posible configurar los permisos del archivo que tenemos abierto.

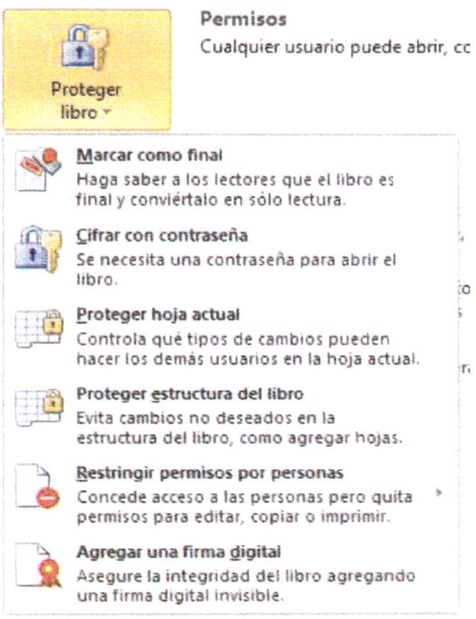

En esta sección se puede decidir quién edita el documento, qué usuarios lo pueden ver, si aplicamos una contraseña para permitir su lectura o incluso si queremos agregar una firma digital.

➢ **Marcar como final** provoca que el documento abierto se convierta en solo lectura, es decir, que no puede ser modificado.

➢ **Cifrar con contraseña** establece una contraseña para el libro, de forma que para editar el mismo será necesario la próxima vez que se abra introducir ésta.

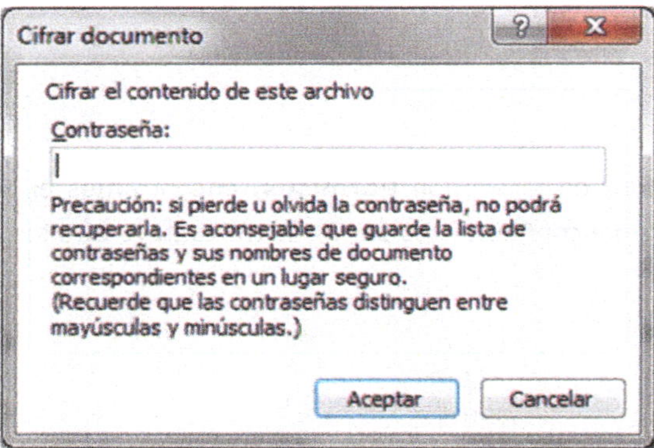

Importante

Microsoft no puede recuperar contraseñas olvidadas o perdidas, así que es importante guardarla y ubicarla en un lugar seguro.

➢ **Proteger estructura del libro** abre el cuadro de diálogo **Proteger estructura y ventanas.** Esto protege el libro de cambios en la estructura, como mover, eliminar o añadir hojas. Podremos escribir una contraseña para desproteger el libro.

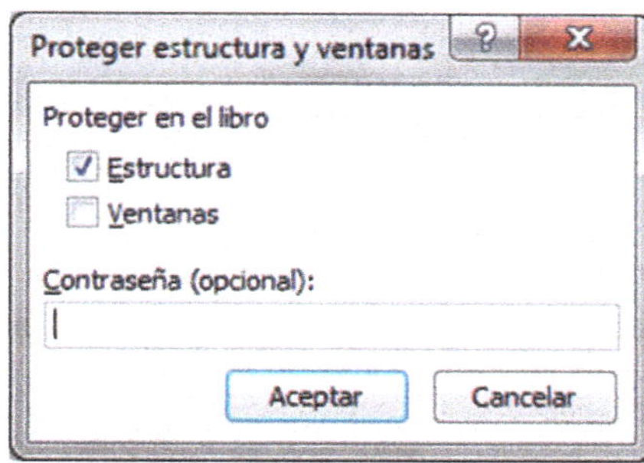

Accederemos a este mismo cuadro de diálogo desde el botón **Proteger libro** del grupo **Cambios** de la pestaña **Revisar.**

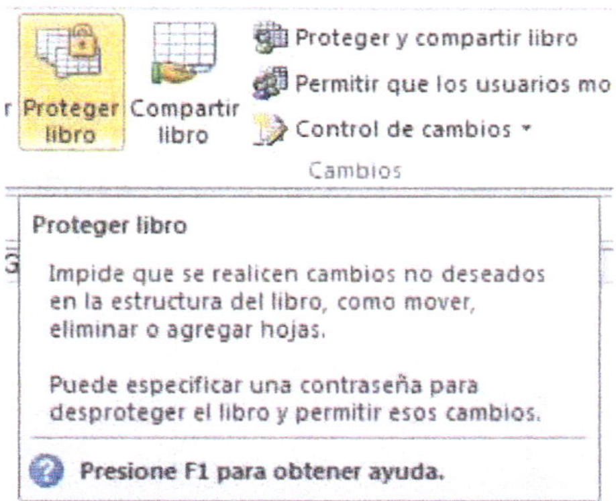

➢ **Restringir permisos por personas** se utiliza para dar acceso al libro pero con restricciones a la hora de editar, copiar o imprimir.

➢ Por último, a través de **Agregar una firma digital** Excel nos da la opción de incluir nuestra firma digital, invisible o visible, en el archivo.

Resumen

Como hemos podido comprobar, la **impresión de hojas de cálculo** en Excel no guarda muchos secretos.

El programa ofrece un **interfaz sencillo,** muy intuitivo, que permite elegir de forma rápida todos los parámetros de la impresión: formato, copias, calidad, modelo de impresora, etc.

Hemos conocido diversas técnicas que nos servirán para **ordenar y filtrar la información** de nuestras hojas de cálculo.

Por último, hemos explicado las distintas **formas de proteger nuestras hojas de cálculo o libros de trabajo.**

Ejercicios de autoevaluación

1. ¿Cuál es el primer paso recomendable que se debe dar antes de imprimir un documento?

a) Definir las zonas de impresión.

b) Configurar la impresora.

c) Elegir el número de páginas que vamos a imprimir.

2. ¿A través de qué ruta encontramos todas las opciones de impresión?

a) Archivo/Opciones de impresión.

b) Archivo/Imprimir.

c) Archivo/Configuración impresión.

3. Es posible cambiar la orientación del papel antes de imprimir.

a) Verdadero.

b) Falso.

4. El campo Intercaladas se usa para que al imprimir varias copias...

a) Se impriman todas las páginas 1, luego todas las 2, las 3... y así sucesivamente.

b) Se imprima de forma completa e independiente cada copia del documento.

c) Ninguna respuesta es correcta.

5. ¿A través de qué opción configuraremos los márgenes de impresión?

a) Opciones de impresora.

b) Márgenes personalizados.

c) Márgenes de impresora.

6. Para ordenar datos por más de un campo...

a) Tendremos que seleccionar únicamente las columnas que tengan los campos a ordenar.

b) Tendremos que agregar un nivel por cada campo extra en el cuadro de diálogo Ordenar.

c) a) y b) son correctas.

7. Los filtros de texto son útiles cuando...

a) Tenemos muy poca información.

b) Tenemos mucha información.

c) No existen en Excel.

8. Los filtros únicamente se pueden utilizar en datos convertidos en tablas.

a) Verdadero.

b) Falso.

9. En Excel podremos...

a) Proteger una hoja de cálculo en concreto.

b) Proteger todo un libro de trabajo.

c) a) y b) son correctas.

10. Cuando protegemos una hoja de cálculo, tendremos que asignarle obligatoriamente una contraseña para desprotegerla.

a) Verdadero.

b) Falso.

Solucionario

U. D. 1. La aplicación de hoja de cálculo

1. c

2. b

3. a

4. b

5. a

6. b

7. b

8. a

9. b

10. a

U. D. 2. Edición y modificación de datos

1. c

2. a

3. a

4. b

5. b

6. b

7. b

8. b

9. a

10. c

U. D. 3. Fórmulas y funciones básicas

1. c

2. a

3. a

4. b

5. c

6. b

7. b

8. b

9. a

10. c

U. D. 4. Inserción de gráficos elementales

1. a	**5.** a
6. c	**7.** b
2. c	**8.** a
3. c	**9.** a
4. b	**10.** a

U. D. 5. Impresión, ordenación, filtrado y protección básica de hojas y libros

1. a	**6.** b
2. b	**7.** a
3. a	**8.** a
4. b	**9.** c
5. b	**10.** b

Bibliografía

Monografías

BANFIELD, COLIN (2011): *Excel 2010 para dummies*. CEAC.

FRYE, CURTIS (2010): *Excel 2010 paso a paso*. Anaya Multimedia.

MARQUÉS, FELICIDAD (2011): *Microsoft Excel 2010 en profundidad*. Rc Libros.

MCFEDRIES, PAUL (2010): *Excel 2010. Fórmulas y funciones*. Anaya Multimedia.

VARIOS AUTORES (2010): *Excel 2010 fácil y rápido*. Inforbooks.

VARIOS AUTORES (2011): *Excel 2010 funciones básicas*. Eni.

VARIOS AUTORES MEDIAACTIVE (2011): *Aprender Excel 2010 con 100 ejercicios prácticos*. Marcombo.

WALKENBACH, JOHN (2011): *La Biblia de Excel 2010*. Anaya Multimedia.

WALKENBACH, JOHN (2011): *Excel 2010 los mejores trucos*. Anaya Multimedia.

Textos electrónicos

Distintas opciones de pegado en Excel
http://support.microsoft.com/kb/291358/es

Funciones matemáticas y trigonométricas en Excel
http://office.microsoft.com/es-es/excel-help/funciones-matematicas-y-trigonometricas-referencia-HP010342680.aspx

Para conocer para qué aplicación está recomendado especialmente cada tipo de gráfico en Excel

http://office.microsoft.com/es-es/excel-help/tipos-de-graficos-disponibles-HA001233737.aspx